미국의 헌법과 대통령제

The Constitution of the United States and the Presidential Government

Sang Don Lee

2012

So Jin publication

seoul, korea

■ 머리말

한국과 미국의 3개 대학에서 공부를 한 후 대학에 자리 잡아 강의를 한지가 햇수로 30년이 됐다. 서울대학교 대학원에서 헌법과 행정법을 공부한 저자는 미국 유학 중 헌법과 행정법 외에 환경법, 국제법 등 다양한 분야를 공부하고 국제환경법에 관한 논문으로 박사학위를 취득했다. 귀국한 후에는 중앙대에 자리 잡았고, 서울대 등 몇 개 대학에 출강을 했다.

1980년대 우리나라에선 환경법에 대한 수요가 크지 않아서 저자는 헌법과 행정법에 관한 논문을 많이 발표했다. 1983년에 나온 저자의 첫 책인 〈미국의 헌법과 연방대법원〉은 서울대 대학원 석사 논문을 보완한 것인데, 좋은 평을 얻었다고 생각한다. 저자가 조교수로 지낸 시절은 제5공화국 때였다. 당시 헌법과 행정법을 전공하는 교수들은 민주헌법 체제를 준비하면서 연구를 했다. 1987년에 드디어 개헌을 하게 되어 정부형태를 두고 많은 논쟁이 있었다. 1987년은 미국 헌법이 제정된 지 200년이 되던 해였기에 헌법 제정 200주년을 맞은 미국 학계의 동향에 대해서도 관심이 많았다.

1990년대에 들어서 '환경'이 국내외에서 중요한 과제로 등장하자 저자의 연구대상은 자연히 환경법과 국제환경법 분야로 옮아갔다. 1995년부터는 신문에 사설과 칼럼을 쓰는 등 대학 밖에서도 활동을 많이 했다. 2000년대 들어선 저자가 원래 공부하고 싶어 했던 미국 역사와 미국 정치에 관한 책을 많이 읽었고, 이에 대한 칼럼과 서평을 썼다.

이 책은 1984년~1989년 사이에 저자가 발표한 미국의 헌법, 대통령제, 그리고 대외관계법에 관한 논문 7편과 2010년에 발표한 예비선거(프라이머리)에 관한 논문을 모아 놓은 것이다. 1980년대에는 원고지에 논문을 썼기 때문에 다시 타이핑을 해야만 했고, 그 과정에서 문장을 다듬었다. 오래 전에 쓴 논문을 다시 읽다 보니 지나간 세월이 주마등(走馬燈)처럼 눈에 아른거리며, 세월이 덧없이 흘렀다는 생각이 든다. 비록 오래 전에 쓴 논문이지만 오늘날 시점에서 보아도 많은 시사점을 준다고 감히 생각한다.

이 책에 수록된 논문 7편은 저자가 30대에 발표한 것이다. 특히 제1장에서 제3장에 이르는 논문 3편은 민주정부를 염원하던 제5공화국 시절에 쓴 것이라서 지금 읽어 보니 감회가 새롭다. 이제 저자의 나이가 60을 넘어 대학교수 생활을 마감할 즈음에 이르렀으니 이렇게 상재(上梓)하는 의미가 각별할 수밖에 없다. 대학에서 강의를 처음 했던 학기에 낸 책이 〈미국의 헌법과 연방대법원〉이었고, 대학 생활을 마감하면서 내는 이 책이 〈미국의 헌법과 대통령제〉인 점은 우연이 아닐 것이다. 그간 환경법, 국제환경법 등 많은 분야에 관심을 가졌었지만 미국 헌법은 저자에 있어 항상 깊은 관심과 존경의 대상이었다.

이 책이 우리나라에 제대로 된 대통령제가 확립되는 데 조금이라도 도움이 되었으면 한다. 끝으로 서울대 대학원에 다니던 시절의 은사인 김철수 명예교수님, 그리고 미국 유학 시절에 헌법을 배운 고(故) 데이비드 겔펀드 교수와 행정법을 배운 폴 페어카일 교수에게 대한 감사의 뜻을 여기에 남기고자 한다. 저자보다 두 살 위인 겔펀드 교수와는 나중에 친구처럼 교류했지만, 그는 2005년 가을 허리케인 카트리나 와중에 플로리다에서 사고를 당해 먼저 세상을 떴다.

2012년 10월 15일

이 상 돈(李相敦)

차 례

미국의 헌법과 대통령제

제 2 장 미국의 대통령제

제 4 장 독립규제위원회와 신형식주의 권력분립론

제5장 '입법적 거부'에 대한 미국 대법원의 위헌판결

제6장 미국 대통령의 전쟁권

제 7 장 대통령의 조약 체결권

제 1 장

미국 헌법이 우리나라 헌법 발전에 미친 영향

Ⅰ. 서설

미국은 세계에서 가장 오래된 민주공화국이며, 미국 헌법은 세계에서 가장 오래된 성문헌법이다. 미국 헌법이 담고 있는 민주적 원칙은 다른 나라의 헌법 제정에 영향을 주었다. 미국은 미국식 입헌주의와 민주주의를 다른 나라에 수출하려고 여러 차례 시도했지만 그러한 시도는 그다지 성공하지 못했다. 이와 관련해서 칼 뢰벤스타인은 "미국의 정부형태는 모방하기 어려운 제도"라고 설파했다.1)

통치구조 측면에서 미국 헌법의 가장 큰 특징은 '권력분립'('separation of powers') 또는 '견제와 균형'('checks and balances')이다. 영국에서와 같은 의회주권주의(Parliamentary

1) K. Lowenstein, Political Power and Governmental Process (2nd ed. 1965), p. 116 ("미국의 정부형태는 …… 미국민에 거의 독특한 체험이다.").

sovereignty)가 아니고, 정부의 3부가 서로 대등한 위치에서 균형을 이루는 정부 형태가 바로 대통령제(Presidentialism)이다.[2] 미국식 대통령제는 많은 나라에 의하여 모방되었지만, 칼 뢰벤슈타인의 표현[3]과 같이 대부분의 경우 '신(新)대통령제'라고 하는 대통령 독재로 흘러가고 말았다.

미국 헌법이 갖고 있는 또 하나의 특징은 일반법원에 의한 위헌법률심사, 즉 사법심사제(judicial review)다. 사법심사제도가 미국 헌법에서 차지하는 비중이야 말로 새삼 강조할 필요도 없다. 우리나라는 1948년 제헌 당시부터 미국 헌법을 많이 참조했는데, 그런 경향은 그 후의 헌법 개정에도 계속되었다. 미국 헌법 제도 중 가장 특징적인 것이라고 할 수 있는 대통령제와 사법심사가 우리나라 헌법의 발전 또는 변화에 미친 영향을 보기로 한다.

---

2) K. Lowenstein, supra note 1, pp. 105~111.

3) Ibid., p. 115.

II. 제1공화국 헌법제도에 미친 미국 헌법의 영향

1. 대통령제 정부

우리나라 제헌헌법 제정 과정에는 미 군정당국의 영향으로 미국 헌법이 많은 영향을 주었다.[4] 유진오 박사가 만든 초안을 토대로 한 최초의 헌법 초안은 양원제 의원내각제 통치구조를 갖고 있었으나, 토의과정에서 이승만 박사의 주장에 따라 단원제 국회와 대통령제로 바뀌었다.[5] 우리나라에 대통령제가 도입된 데 대해 그것은 미군정과 그 주변의 한국인들의 책임이며 의원내각제를 좋아했던 지식층과는 아무런 관련이 없다고 칼 뢰벤슈타인은 평가했다.[6]

제헌헌법이 대통령제를 채택하였다 하더라도 그것은 미국의 대통령제 정치구조와 달랐다. 첫째, 국회는 단원제이었기 때문에 양원제를 택하고 있는 미국과는 달랐다. 유진오 박사는 건국 초의 산재된 대단히 시급한 문제들을 신속히 처리하기 위해서 단원제가 낫다고 설명했다.[7] 둘째, 제헌헌법은 국회에 정부

---

4) 김효전, 미국의 위헌심사제가 일본과 한국에 미친 영향 (1981), p. 116.

5) 유진오, 민주정치에의 길 (1963, 일조각), p. 137.

6) K. Lowenstein, The Presidency Outside the United States: A Study in Comparative Political Institution, Journal of Politics, VI (1949), 김효전, p. 16에서 재인용.

7) 헌법사 자료 제1집 - 헌법제정 회의록 (1967, 국회도서관) p. 105, p. 153. (헌법기초안 의원의 보고 및 제1독회에서의 보고).

불신임권을 주지 않았으며 정부에 국회해산권을 주지도 않았지만, 국무총리제를 도입하여 그 임명에 국회의 승인을 필요로 하고 정부가 법률안을 제출할 수 있도록 한 점에서 미국과 달랐다(제헌헌법 제69조, 제39조). 국무총리와 국무위원은 국회에 출석하여 의견을 진술하고 질문에 응답할 수 있으며, 국회의 요구가 있을 때에는 출석·답변하여야 한다고 규정한 것(제44조)도 미국의 경우와는 달랐다. 유진오 박사는 헌법초안에 나타난 대통령제가 '순(純)미국식 대통령제'가 아니란 점을 분명히 하면서 "국회와 정부는 미국식으로 아주 갈려 있지 않고 해산권과 불신임권만 없을 뿐 항상 밀접한 연락을 할 수 있다"고 했다.[8] 훗날 유진오 박사는 "제헌 헌법하의 통치구조가 실질적으로는 의원내각제로 운영되기를 기대하였다"고 술회했다.[9]

2. 대통령 선출방식

의원내각제를 골격으로 한 유진오 박사의 최초 초안은 물론이고, 개정된 초안, 그리고 대통령제를 최종적으로 채택한 제헌헌법은 모두 대통령이 국회에서 선출되도록 했다. 양원 내각제를 골격으로 한 최초의 헌법초안이 간접선거제를 채택한 것은 이상할 것이 없었다. 그러나 대통령제를 택한 제헌헌법이 어떠한 이유로 대통령 간선제를 택하게 되었는가는 분명하지 않다. 또한 선거인단이라는 독특한 제도를 사용하고 있는 미국의 대통령 선거제도가 당시에 제헌의원들과 식자층에게 어떻게 이해되고 있

---

8) 헌법사 자료 제1집, pp. 107~108.

9) 유진오, 전게서, p. 138.

었는지도 분명치 않다. 이 점에 있어서 제헌국회에서 헌법위원회 위원장이었던 서상일 의원의 다음과 같은 발언은 흥미롭다.

"주권이 국민에게 있다고 해서 직접선거로 하지 않는다고 해서 주권이 국민에게 없다고 하는 말은 아닙니다. 대통령을 선거하는 예는 가령 민주주의가 가장 발달되었다고 하고 민주주의 대본영인 미국 같은 데서도 직접선거가 아닌 것은 여러분이 잘 아시는 바입니다. 미국에 있어서도 인민이 직접 투표하는 것이 아니라 간접투표를 하는 것입니다."[10]

이로 미루어 보건대 적어도 상당수의 제헌의원들은 미국 대통령 선거를 간접선거로 알고 있지 않았나 한다. 그러나, 당시 유진오 박사는 이와는 다른 견지에서 국회를 통한 간접선거를 주장하였는데, 그의 견해는 부통령의 재임기간에 관한 다음의 발언에 잘 나타나 있다.

"가령 미국과 같이 대통령·부통령을 직접 민선으로 한 경우 그 선거가 용이하지 않습니다. 그러니까 대통령 임기 중 궐위가 있을 때에는 부통령이 대통령의 남은 임기 중 대통령 노릇을 하는 것입니다. 그러나 우리 초안에는 직접 민선이 되지 않고 국회에서 선거하게 되어 있습니다. 그래서 국회에서 대통령을 선거한다는 것은 비교적 간단하게 할 수 있는 일입니다. 그래서 국회에서 선거하면 그 대통령이 그만 두는 경우에 다른 훌륭한 대통령을 낼 사람이 있는데도 불구하고 억지로 남은 임기 중 부

---

10) 헌법사 자료 제1집, p. 124.

통령을 승격할 이유가 없을 것으로 생각해서 부통령은 대통령 재임 중 재임한다고 규정한 것입니다."[11]

제헌헌법이 국회에 의한 대통령의 간접선거를 택하게 된 것은 직접선거 실시가 어려웠던 당시의 실정, 그리고 대통령 선출이라는 중대한 권한을 놓치고 싶지 않았던 제헌국회의원들의 생각 등이 작용한 결과인 듯하며, 미국의 대통령 선거제도가 간선제라는 잘못된 이해도 기여한 것으로 보인다.

제헌헌법의 대통령 간선제는 1952년의 이른바 발췌개헌을 통하여 직선제로 변경되었다. 흥미로운 점은 직선제 개헌 여부를 두고서 제기된 논쟁 중에 미국의 대통령 선거제가 또다시 거론되었다는 것이다. 이승만 박사의 직선제 개헌 시도에 반대한 당시 야당 측은 "미국도 간선제를 채택하였는데 왜 한국이 직선제를 실시하여야 하는가" 하고 반론을 제기했던 것이다. 당시 국회에서의 야당을 대표한 서범석 의원의 발언을 보면 다음과 같다.

"지금 이 직접선거제가 우리나라 실정에 타당하냐 안하냐 이 점에 있어서 간단히 말씀드리고 싶습니다. 선진 국가에 있어서도 민주주의가 그토록 발달된 미국에 있어서도 대통령의 직접선거가 아니올시다. 이것은 대통령을 선거하는 간접선거인을 지정해가지고 그 사람들이 대통령을 선거하는 형식이 되어 있습니다. 그렇다면 민주주의 초창기에 있어서 발전과정에 있어서의 대한민국에 있어서 국가가 10만의 선량인 국회의원이 대통령

11) 헌법사 자료 제1집, p. 158.

선거권을 가지고 있는 것이 이 시간적 과정에 있어서 가장 타당한 방법의 하나라고 아니 볼 수 없습니다. …… 우리가 우리나라의 국정이 만일에 대통령 선거를 정말 자유스러운 분위기에서 할 수 있다고 할 것 같으면 별문제이지만 그러한 사태를 상상해 볼 때에 우리나라 국정이 아직 거기에 도달하지 못했다는 것만은 유감이라고 생각하지만 지적 아니 할 수 없습니다. …… 나는 이 대통령 직접선거라는 것이 민주주의를 지향하는 최고의 목표로서는 우리가 조금도 이것을 거부할 이유가 없습니다만 아직 대한민국의 건국 4년에 이것을 가지고는 대통령 직접선거제를 채택한다는 것은 민주주의의 미명 아래에서 독재세력을 조성시킬 염려가 있다는 것을 우려하지 아니 할 수가 없는 바이올시다."12)

여하튼 발췌개헌에 의하여 대통령 선거는 직선으로 바뀌었고 또한 1954년의 이른바 사사오입 개헌에 의하여 초대 대통령의 중임제한이 철폐되었으며 대통령 궐위시 부통령이 대통령직을 승계하게 되었다. 그러나 이후의 헌법현실은 신대통령제 독재로 치닫게 되었고, 제1공화국은 4·19 민주혁명으로 종말을 맞았다.

3. 위헌법률심사제도

제헌헌법은 법률이 헌법에 위배되는지에 관한 판단권을 헌법위원회에 주었고 법원은 단지 제청하는 권한만을 갖고 있었다(제81조).

---

12) 헌법사 자료 제3집, 헌법개정 회의록 (1967 국회도서관), p. 63.

제헌헌법의 초안을 작성할 때 위헌법률심사에 관하여 유진오 박사는 헌법위원회를 구상하고 있었는데 당시 서울 지방법원장이던 장경근 씨를 위시한 법원 측 인사들이 미국식으로 법원에 위헌심사권을 주는 제도를 채택할 것을 강경하게 요구하였으며,[13] 초안 작성이 끝난 후에도 당시 대법원장 김용무는 이승만 국회의장과 하지 중장에 보낸 의견서에서 역시 미국식 위헌심사제의 채택을 주장했다고 회고하였다.[14]

유진오 박사는 자신이 미국식 사법심사제 채택에 반대한 것은 다음과 같은 이유에서였다고 훗날 돌아 보았다. 첫째, 우리나라 법원 관계자들은 공법학 지식을 결여하고 있어서 법원에 그러한 권한을 맡기는 것은 불안하였다는 것이다.

둘째, 우리나라 법률가들의 법사상 변천에 대한 인식부족을 우려했다고 한다. 아담 스미스적(的)인 자유방임주의는 20세기 중엽에 처한 한국의 현실에 적합하지 않다고 확신해서 우리나라 법률가들에 대하여 불만과 불안을 느끼고 있었다는 것이다.

셋째, 미국식 사법심사제도는 대통령제와 함께 몽떼스큐적(的) 권력분립 사상의 산물인데 이는 국제관계가 긴박하고 국내적으로 이상적·정치적·경제적·사회적 제문제가 산적하여 있던 당시 우리나라 현실에는 적절하지 않았다고 생각하였기 때문이다.[15]

여하튼 유진오 박사의 헌법위원회 설치안은 통치구조의 기본

---

13) 유진오, 헌법기초 회고록 (1980), p. 41. 유 박사는 이에 관하여 정윤환 판사가 처음부터 법관의 신분을 종신제로 하고 위헌법률 심사권을 미국식으로 법원에 줄 것을 강경하게 주장하였다고 회고한다. p. 38.

14) 법전편찬위원회 의견서, 김철수 편, 입법자료 교재 헌법 (1985, 박영사), pp. 43~46.

15) 유진오, 전게서, pp. 41~42.

골격이 내각책임제에서 대통령제로 바뀐 후에도 그대로 유지되었는데, 유 박사는 이러한 제도가 미국과는 다르지만 잘 운영되기를 기원한다는 취지에서 다음과 같은 발언을 남겼다.

"미국에서는 법률이 헌법에 위반되느냐 안 되느냐 하는 것을 판단하는 권리는 재판소가 — 다만 대심원뿐만 아니라 모든 재판소가 — 이것을 가지고 있습니다. 우리 조선에서는 법률이 헌법에 위반되느냐 안 되느냐 하는 문제를 제기할 권한을 재판소에 주었습니다. 그러나, 문제를 제기하기만 했지 과연 그것이 헌법에 위반 된다 안 된다 하는 판단은 재판소에 주지 아니하고 대법관 5인과 국회의원 5인으로 구성되는 헌법위원회에서 이것을 결정하게 할 것입니다. 이 새 제도가 잘 운영되어서 우리나라가 훌륭한 법제국가의 성과를 올리기를 기대합니다."16)

헌법위원회는 발족된 후 제2공화국의 등장으로 문을 닫기까지 12년간 7건의 위헌심사를 하였으나, 그에 대한 평가는 좋은 편이 못되었다.17)

4. 평가

칼 뢰벤슈타인이 유럽대륙의 의회주의의 전통에 독자적이며 직접선거로 뽑힌 미국식의 대통령제를 이식(移植)함은 결국 '죽음의 키스'('kiss of death')였다고 설파했음18)은 너무 유명하

16) 헌법사 자료 제3집, p. 109.

17) 김철수, 위헌법률심사제도론 (1983, 학연사), p. 82 ; 민운식, 헌법위원회의 업적, 법정 1959년 5월호.

다. 이러한 뢰벤슈타인의 비유는 우리나라 제1공화국의 헌법현실에 별로 알맞지 못할 것이다. 우리나라에는 의회주의 전통이 없었기 때문이다. 제헌헌법이 대통령제에 의원내각제 요소를 강하게 보유하고 있었던 것은 — 한태연 교수가 오래 전에 지적한 바[19]와 같이 — 두 제도의 장점을 살리기 위함이라기보다는 당시의 두 개의 정치세력(이승만 박사와 한국민주당)의 주장을 정치적으로 타협하기 위함이었다.

이와 같이 제1공화국 헌법 개정 과정에 있어서 대통령 선거방식은 최대의 쟁점이었다. 그러나 그에 대한 이해는 결코 정확하지가 못하였는데, 당시 우리나라의 학계 자체의 역량이 부족하였던 데에도 기인했을 것이다.

---

18) K. Loewenstein, supra note 1, p. 115.

19) 한태연, 제1공화국 헌법의 회고, 고시계 1961년 12월호, pp. 91~94, p. 92.

Ⅲ. 제2공화국 헌법의 특성

제2공화국의 통치구조는 전형적인 내각책임제를 취하였는데, 자유당 정권하의 야당이었던 민주당의 숙원이 성취된 것이다. 4·19 혁명 이후의 내각책임제 개헌에 관하여 유진오 박사는 다음과 같이 서술하였다.

"대통령제를 채택한 결과는 처음부터 예상되던 대로의 발전을 보여 드디어 1인 독재로 전락하고 말았음은 우리가 이미 뼈가 저리도록 체험한 바이므로, 금차 개헌에 있어서 대통령제를 버리고 내각책임제를 채택한다 함은 거의 밤이 지나면 아침이 오는 것이나 다름이 없을 정도로, 말하자면 기정된 코스를 밟아 나가는 셈이다. 지금와서는 내각책임제의 장단득실을 고려하여 그것을 채용하는 편이 우리나라의 장래를 위하여 유리하다 어떻다 하느니 보다도 대통령제의 지옥으로부터 우선 벗어나야 하겠으니 내각책임제를 채용하여야겠다는 것이 국민의 공통된 감정인 것이다."[20]

이와 같이 4·19 혁명 후 국민적 감정은 내각책임제를 당연한 귀결로 받아들였고 우리나라에서의 미국식 대통령제는 완전한 실패작인 것으로 인식되었다. 4·19 혁명 직후에 내각책임제 정부형태를 지지하였던 한태연 교수는 미국식 대통령제에 대하여

20) 유진오, 내각책임제 개헌과 정국의 장래 (1960. 6. 고대신문), 유진오, 민주정치에의 길 (1963. 일조각), pp. 137~151에 재록, pp. 143~144.

다음과 같은 평가를 내렸다.

“미국형의 대통령제는 ‘행정권의 안전성과 권위성’이라는 그 유일한 장점만을 제외하고는 그것은 국가기능에 있어서의 통일성의 고의적 방해, 집행권의 통합과 무책임적인 독자성에 의한 독재적 경향의 조장으로 인하여 가장 기피해야 할 권력구조에 불과하다는 것만은 의심할 바 없다. 특히 정치적 숙련성과 관용성이 적은 후진국가에 있어서는 이러한 의미의 대통령제는 중남미 제국의 경우에서 볼 수 있는 바와 같이 지독한 부패를 동반한 독재정치로 타락하게 된다는 것도 의심할 바 없다. 바로 그러한 까닭에 우리 헌법의 제정 당시에 있어서 어느 외국인은 어느 기초전문위원에게 ‘너희 나라 헌법을 대통령제로 하는 것은 좋으나 그러나 반드시 독재의 가능성이 있음을 주의해야 한다’라고까지 경고했다고 한다.”21)

21) 한태연, 제2공화국 헌법의 경향, 사상계 1960년 6월호, pp. 165~173, pp. 166~167.

Ⅳ. 제3공화국 헌법제도에 미친 미국 헌법의 영향

1. 제3공화국 헌법 제정 과정과 그 특징

5·16 군사혁명 후에 제정된 제3공화국 헌법은 구헌법의 개정절차에 의한 개헌이 아니고 실질적으로 새로운 헌법의 제정이었다.

1961년 8·12 성명에서 혁명정부는 "1963년 봄에는 정권을 민간정부에 이양할 것이며, 새로운 제3공화국의 기반이 될 헌법은 대통령제 정부와 단원제 국회를 골격으로 할 것"임을 밝혔다. 1962년 7월, 국가재건최고회의의 특별위원회로서 헌법심의위원회가 발족하여 본격적인 작업에 들어갔으며, 이 헌법심의위원회는 국가재건최고회의 부의장을 위원장으로 하고 국가재건최고회의의 9인의 심의위원과 21인의 전문위원으로 구성되었다. 새 헌법의 문제점을 정리하기 위하여 헌법학자가 중심이 된 9인 소위원회를 구성하였다.22)

헌법심의위원회 전문위원회는 1962년 7월 16일에 1차 회의를 가졌으며, 7월 18일과 19일에는 9인 소위원회 회의가, 그리고 7월 24일, 26일, 27일, 8월 2일, 3일, 4일, 7일에 2~8차의

22) 21인 전문위원은 유진오, 박일경, 한태연, 이동호, 이종극, 문홍주, 강병두, 이영섭, 김도창, 민병태, 윤천주, 신직수, 이한기, 성창환, 조병완, 김성희, 유민상, 김운태, 신태환, 최호진, 박천식 제씨(諸氏)였고. 9인 소위원회는 유진오, 박일경, 한태연, 이동호, 이종극, 문홍주, 강병두, 민병태 제씨였다.

전문위원회 회의가 열렸다. 그 후 헌법심의위원회는 8월 23일부터 1주일간 전국 12개 지역에서 헌법 공청회를 개최하였고 9월 4일부터 12일까지는 분과위원회별로 헌법요강을 작성하였고 같은 달 17일부터 전문위원회 전체회의가 시작되었다. 그 해 10월에는 하버드 대학의 에머슨 교수와 뉴욕 대학의 프란츠 교수가 자문 자격으로 내한하였으며, 10월 12일부터는 헌법심의위원회에서 요강에 대한 심의를 시작하였고 10월 23일에는 요강이 확정되었다.

이 헌법개정안은 11월 5일에 최고회의에 상정되어 발의되었고, 12월 17일에 실시된 국민투표에서 투표자의 80% 이상의 찬성을 얻어 새 헌법으로 확정되었다.23)

제3공화국 헌법 제정은 그 과정에 많은 학자들이 참여하였다는 점이 특징이다.24) 당시 미국 행정부는 조속한 민정이양을 희망하였고, 혁명주체세력은 이 같은 미국의 압력을 은연 중 받았다. 에머슨 교수와 프란츠 교수의 방한은 이러한 측면에서 이해될 수 있다.25) 당시 주한 미 대사관의 정치참사관 필립 하비브는 새 헌법의 민주적 성격의 여부에 깊은 관심을 갖고 접촉하였다는 사실도 그때의 사정을 잘 보여 준다.26)

---

23) 문홍주, 한국헌법 (1965, 법문사), pp. 110~112.

24) 1950년대 중반에 문홍주 교수, 강병두 교수 등이 미국에서 공법을 연구하고 귀국하였다. 5·16 군사혁명 후 군복무중 헌법심의위원회의 전문위원이 된 박천식은 미국 튤레인 대학에서 헌법 분야 논문으로 정치학 박사학위를 받은 바 있다.

25) 에머슨 교수와 프란츠 교수가 구체적으로 어떠한 영향력을 행사하였다고 볼 수는 없다고 한다. 당시 이석제 간사위원은 이들이 헌법심의회의에 간여하는 것을 극력 배제하였다고 한다. 박천식 변호사의 회고. 저자와의 인터뷰 (1985년 2월 3일).

무엇보다 당시 우리 국민은 자유당 시대의 대통령제가 독재로 흘러갔고, 민주당 정권하의 내각책임제가 혼란으로 흘러갔음을 모두 경험한 후였다. 따라서, 자유당의 독재정치가 민주혁명으로 무너지고 난 후에 당연히 내각책임제를 채택하여야 한다는 식의 합의는 존재하고 있지 않았다. 혁명 주체세력은 단원제 국회와 대통령제를 명백히 선호했는데, 박정희 최고회의 의장의 담화에서 그런 의지를 볼 수 있었다.[27]

혁명주체세력이 대통령제를 선호하게 된 것은 다음과 같은 이유에서였을 것이다. 첫째, 5·16 군사혁명의 정당성의 근거는 민주당 정권의 '무능과 혼란'이었고 이러한 '무능과 혼란'은 내각책임제에서 비롯되었다고 인식되었다. 둘째, 민정에의 참여를 계획하고 있었던 혁명주체들은 국회가 정국의 주도권을 잡게 되기 쉬운 내각책임제 보다는 일단 임기가 보장되는 대통령제가 바람직하다고 생각하였을 것이다. 대통령제 외에도 제3공화국 헌법은 일반법원에 의한 위헌법률심사라는 미국적인 헌법제도를 채택하였다.

2. 대통령제

제3공화국 헌법심의 과정에서 미국 헌법, 그 중에서도 대통령제는 빈번히 언급되었다. 헌법심의위원회의 전문위원회에서 정

---

26) 박천식 변호사의 회고. 필립 하비브는 1970년대에 우리나라 주재 미 대사로 부임하는 등 우리와 관련이 깊은 외교관이며, 1986년 3월 필리핀의 마르코스 정권의 붕괴에도 일익을 담당한 바 있다.

27) 이른바 8·12 담화. 1961년 8월 12일. 박정희 의장은 새로운 헌법이 비상조치법의 개정을 통하여 제정될 것임을 천명하였다.

부형태의 문제를 다룬 것은 7월 26일의 제3차 회의에서였다.

당시 전문위원들의 일반적인 분위기는 대통령제를 채택하되 대통령제의 결함을 보완할 대책이 필요하다는 것이었다. 대통령제의 당위성은 강병두 교수에 의하여 강력하게 개진되었다. 그는 민주주의 전통의 미발달, 정당제도의 미숙, 내각책임제가 수반하는 엽관운동의 폐단, 감정적인 국민성, 직업공무원제의 미발달 등을 이유로 들었다.28) 문홍주 교수와 민병태 교수는 대통령제를 채택하되 독재정치를 막을 방도를 첨부하자고 주장했다.29)

미국식 대통령제를 따르는 어려움은 김도창 교수와 유진오 박사가 지적했다. 김도창 교수는 "미국의 대통령제는 하나님이 미국 국민에 내려준 축복이며 다른 국민이 쉽사리 택해가지고 성공할 수 있는 것이 아니다"는 칼 뢰벤슈타인의 표현을 빌어서, "미국이 성공하고 있으니까 우리나라에서도 도입·채택해 가지고 성공하겠다는 것은 실행가능성이 없다"고 지적하면서, "우리의 정치적 여건에 비추어서 내각책임제가 곤란하여 대통령제를 취하되 대통령제가 내포하고 있는 제도적 결함을 시정하는 것이 문제의 초점"이라고 하였다.30)

유진오 박사는 자신은 종래부터 "미국의 대통령제는 미국에 특유한 것이며 이를 모방한 나라들은 독재와 쿠데타로 얼룩진 정치사를 갖고 있어서 자신은 의원내각제의 채택을 주장하여 온 바이나 4·19 후의 내각책임제가 여지없이 실패로 돌아갔기 때문에 대단히 면목이 없다"면서 "대통령제를 채택하되 정부의 권

28) 헌법개정 심의론 제1권 (1967, 대한민국 국회), pp. 197~205.

29) 전게서, pp. 208~212.

30) 전게서, pp. 212~217.

력의 비대화, 정부의 전제화 및 행정부의 전제화를 막는 방도가 반드시 수반되어야 한다"고 주장하였다.[31)]

그밖에도 신태환, 성창환, 이한기 교수와 박천식 박사가 유사한 취지의 발언을 하였다. 의원내각제를 선호한 위원으로는 이종극 교수가 있는데, 그는 "우리나라도 긴 눈으로 먼 장래를 볼 때 이러한 미국식 대통령제를 그대로 받아들이기는 어렵지 않을까"하여 "대통령제를 채택하되 거기에 의원내각제를 어느 정도 가미해서 절충식으로 나가는 형태가 우리나라에는 무난하지 않을까 생각"한다고 주장하였다.[32)]

대통령 선출방법에 관하여는 별다른 논의를 하지 않았는데 이는 대통령제하에서 대통령은 당연히 국민 직선으로 선출한다고 생각하고 있었기 때문이라고 생각된다.

헌법개정 공청회에서 나타난 여론을 볼 것 같으면 총 118명의 발언자 중 110명이 대통령제에 찬성하였으며, 그 중 80명은 직선제를 주장하였고 오직 4명만이 간선제를 주장하였는데, 나머지 26명도 대통령제에서의 대통령은 당연히 직선제인 것으로 인식하고 있었던 것으로 보인다.[33)]

3. 사법심사제

제3공화국 헌법은 위헌법률심사제도로서 미국식 사법심사제

31) 전게서, pp. 220~225.

32) 전게서, pp. 251~253.

33) 헌법개정 심의록 제2~3권 (1967, 대한민국 국회).
참고로 공청회에서 발언한 법학자, 정치학자 및 법조인의 의견을 간추리면 다음과 같다.

를 채택했다. 제3공화국의 헌법제도 중 가장 중요한 측면은 바로 일반법원에 의한 위헌법률심사제라 하겠는데, '사법부 우월' 내지는 '사법국가화'를 가져올 수 있는 이 제도가 어떠한 경위로 제3공화국 헌법에 수용에 되었나는 매우 중요하다.

제3공화국 헌법 심의 과정에서 가장 논란이 많았던 것은 헌법재판소를 설치하느냐, 아니면 일반법원의 사법심사에 맡기느냐 하는 문제였는데, 헌법재판을 일반법원의 관할로 하면 추상적인 규범통제는 할 수 없으며, 또한 헌법재판을 일반법원에서 관장하게 되면 법원이 정치에 휩쓸릴 위험이 있다는 것이 헌법재판소 설치론이고, 법률의 위헌심사는 재판과 분리할 수 없으며 사법의 통일성을 기하기 위하여는 법원이 위헌심사를 담당하여야 한다는 것이 사법심사 도입 찬성론의 골자였다.34) 8월 3

	정 부 형 태	국회구조	위헌법률심사제도
갈 봉 근	의원내각제	양원제	헌법재판소
김 기 범	대통령제	양원제	-
문 인 구	대통령제	단원제	사법심사
백 남 억	대통령제	단원제	헌법재판소
양 병 호	대통령제	단원제	-
이 방 석	의원내각제	단원제	-
이 병 용	대통령제	단원제	사법심사
이 항 녕	대통령제	단원제	사법심사
이 극 찬	대통령제*	단원제	-
정 인 홍	대통령제	단원제	-
한 웅 길	대통령제에 내각책임제 가미	양원제	-
정 종 학	대통령제	단원제	-
김 태 규	대통령제	단원제	사법심사
신 종 순	대통령제	단원제	-
엄 구 현	대통령제	단원제	헌법재판소

* 이극찬 교수는 "앞으로는 내각책임제가 실시될 것을 기대하면서 이번에 한하여 대통령제를 채택"하는 데 찬성한다고 발언하였다.

34) 박천식, 새 헌법과 사법부, 법제월보, 1963년 7월호 , pp. 50~55, p. 55.

일에 열린 전문위원회 6차 회의에선 다음과 같은 논의가 있었다.

이형호 교수는 당시 헌법재판소를 둘 것인가 또는 일반법원이 위헌심사를 담당할 것인가를 두고서 상당한 대립이 있음을 언급하고는, "공법학계에서는 헌법재판소를 설치하자는 주장이, 그리고 법조계에서는 일반법원이 법률에 대한 위헌심사권을 가져야 한다는 주장이 유력함"을 지적하였다.[35]

이 문제에 관하여 직접 당사자적 위치에 있었던 이영섭 대법원판사[36]는 다음과 같이 말했다.

"우리나라가 미국이나 영국과 같이 자유사법국가 형태로 나가는 것이 우리나라 실태에 맞느냐 하는 것이 문제입니다. …… 재판이라는 것을 해보면 결국은 위헌심사라는 이런 문제 같은 것은 정말 법관이 자기생명을 내걸고 하지 않고서는 올바른 판단을 못하는 것으로 생각하고 있습니다. …… 법관이 실질적으로 사회정세에 어둡고 고루하고 보수적이다 했는데 법관은 너무 진보적이면 법을 지키지 못합니다.

……

(위헌심사권을) 가지고 가라고 하는 것을 싫다고 하면 그만한 용기가 있느냐 하면 물론 가져야 되겠지요, 가져야 되겠으니 재판소에서 가져가겠다는 이론이 서서 해보아도 좋겠지마는 …… 제 개인의 의견으로서는 당연히 그렇게 되어야 될 줄로 믿습니

35) 헌법개정 심의록 제1권 (1967), p. 375.

36) 이영섭씨는 1961년 9월 1일자로 최고회의에 의하여 대법원 판사에 임명되었다. 이에 앞서 최고회의는 7월 1일자로 조진만씨를 대법원장에 임명하였다.

다마는 그러나 이것은 대단히 어려운 문제올시다. 우리나라의 심각한 그야말로 쓰라린 경험에 비추어서 본다면 대체로 그런 눈치가 아닌가 생각합니다."[37]

이 같은 모호한 발언에 대하여 이종국 교수는 "결국 대법원에 가져간다는 것이지요?" 하고 반문하였고 이에 대하여 이영섭 판사는 "글쎄요, 주게 되면 받는다 그런 것이겠는데 대단히 어려운 문제입니다"라고 답하였다.[38] 훗날 대법원장을 역임하고 은퇴한 이영섭은 "당시 조진만 대법원장이 미국과 같이 대법원이 위헌법률심사권을 가졌으면 좋겠다는 뜻을 대법원의 대표격으로 헌법심의위원회에 파견된 나에게 피력한 것으로 기억된다"고 회고하였다.[39] 이로 비추어 볼 때 새로이 조직된 대법원[40]은 위헌심사권을 갖게 되기를 기대하였던 것으로 생각된다.

이에 대하여 헌법재판소 설치를 강력히 주장한 사람은 이종극 교수인데, 그는 "헌법재판권이 당연히 사법권에 속한다 하는 이론에 나는 동의하지 않으며", "과거 14년 동안에 대법원의 실적을 보아서 대법원에 맡기면 헌법 해석을 감당할 수 없을 것이다"고 하였다.[41] 한편, 박일경 교수와 김도창 교수는 법원에 위헌심사권을 주는데 기본적으로 찬성한 것으로 보이며,[42] 강병두

---

37) 헌법개정 심의록 제1권, pp. 380~383.

38) 전게서, p. 383.

39) 이영섭 전 대법원장과 저자와의 전화 인터뷰 (1985년 7월 18일).

40) 1961년 7월 1일, 혁명정부는 대법원장에 조진만씨를 임명하였고, 종전의 대법관과 구제 대법원 판사는 동년 6월 7일과 8월말에 모두 사임하였으며 혁명정부는 9월 1일자로 사광욱, 최윤모, 민복기, 방순원, 홍순엽, 이영섭 제씨를 대법원 판사로 임명하였다.

41) 헌법개정 심의록 제1권, p. 385.

교수는 헌법재판소의 설치를 주장하였고,[43] 문홍주 교수는 대법원 안에 헌법재판부를 두되 헌법재판부는 독립기관으로 하고 대법원장이 헌법재판부의 재판장이 되도록 한다는 특이한 주장을 하였다.[44]

사법심판제는 '반(反)다수적'('counter-majoritarian')인 제도로서 의회의 다수파에 대하여 강력한 견제력을 발휘할 수 있다. 따라서 사법심사 제도는 정부와 여당이 밀착된 다수세력에 대해 가장 효과적인 억제력을 발휘할 수 있다. 사법심사의 이 같은 반다수적 성격이 당시의 혁명정부 당국자들한테 어떻게 이해되었는지는 알 길이 없지만, 사법부가 적극주의로 나갈 경우에 정부구조 측면에 어떠한 영향이 올 수 있는가 하는 데 대한 이해가 혁명정부에 있었다고 보기는 어렵다.

법원의 사법심사권은 공화당 정부에게 상당한 견제력으로 작용하였는데, 1971년 6월 22일에 나온 법원조직법 제59조 1항 단서와 국가배상법 제2조 1항 단서에 대한 대법원의 위헌판결[45]은 그 절정이었다. 아마도 1971년 총선거와 이 판결은 당시의 집권자로 하여금 '유신'을 준비하게 되는 계기를 제공하였을 것이다. '10월 유신' 이후 단행된 사법부 인사에서 위의 위헌판결에서 위헌 측에 가담한 판사들 대부분이 재임명에서 탈락된 것도 이러한 맥락에서 이해될 수 있다.[46]

---

42) 전게서, pp. 387~395.

43) 전게서, p. 396.

44) 전게서, p. 397.

45) 이에 대한 평석으로는 김철수, 법원조직법 제59조 1항 단서의 위헌판결, 고시계 1971년 9월호, pp. 87~56; 김철수, 국가배상법 제2조 1항에 대한 대법원의 위헌판결, 고시계 1971년 8월호, pp. 96~108.

46) ○ 법원조직법 제59조 1항 단서 판결 : 위헌측 — 손동욱, 김치걸, 사광욱,

여하튼 '10월 유신'과 더불어 매우 '미국적'이었던 헌법제도인 사법심사제는 종말을 고하였다. 사법심사제가 이렇게 종지부를 찍은데 대해 김철수 교수는 아래와 같이 지적하였다.

"…… 문제는 당시 우리나라의 대법원이 미국과 같이 헌법수호기관으로서의 역할을 다할 수 있는지에 있었다. 왜냐하면 미국 연방대법원의 위헌법률심사제도는 법관에 대한 고도의 신뢰, 다수자의 횡포로부터 소수자의 이익을 보호하려는 인권존중사상, 시민의 철저한 준법정신, 법관의 공정한 재판활동을 배후에서 지원해 주는 광범위한 중산계급층의 존재 등 사법권 우위를 확보할 수 있는 사회적·역사적 배경과 법사상적 기초 위에 터잡고 있지만, 우리나라는 이러한 배경이나 기반을 형성하고 있지 못하였기 때문이다."47)

또한 김철수 교수는 "사법심사제도가 가지는 헌법의 보장과 그를 통한 기본권 보장이라는 사명을 수행하기 위하여는 제도에 대한 정확한 이해와 발전적 해석을 위한 학구적 노력과 헌법의 보장자로서의 법원의 투철한 사명감, 그리고 법원의 판결을 존중하는 풍토와 국민의 고조된 헌법의식이 필요하였다"고 술회했

한봉세, 홍순엽, 김영세, 양병호, 민문기, 홍남표, 박순원, 나항윤 : 합헌측 — 민복기, 양회경, 이영섭, 주재황, 유재방.

○ 국가배상법 제2조 1항 단서 판결 : 위헌측 — 손동욱, 김치걸, 사광욱, 양회경, 방순원, 나항윤, 홍남표, 유재방, 한봉세 : 합헌측 — 민복기, 홍순엽, 이영섭, 주재황, 김영세, 양병호, 민복기.

○ 10월 유신 후 재임명에서 탈락된 대법원판사 — 손동욱, 김치걸, 사광욱, 양회경, 방순원, 나항윤, 홍남표, 유재방, 한봉세.

47) 김철수, 위헌법률심사제도론 (1983, 학연사), p. 86.

다.[48] 이 중에서도 김 교수가 특히 강조한 점은 "법관이 정치적 권력으로부터 완전히 독립할 수 있는 정치적·경제적 여건"과 "행정부와 입법부가 대법원의 판결을 존중하는 풍토"로 보인다.[49] 그밖에 미국의 사법심사가 우리나라에 성공적으로 이식되지 못한 이유로 다음을 들 수 있다.

우리나라의 사법체계가 미국의 그것과는 다르다는 점이다. 미국의 사법심사제에 있어서 특히 중요한 점은 연방판사들의 역할이다. 연방판사들은 종신의 임기로 임명되고 이들의 세계에는 승진도 보임도 없다. 연방판사라는 직업은 — 연방대법원이든 항소법원이든 또는 지방법원이든 간에 — 법률가로서의 최고의 영예이며, 대부분의 경우에 법률가의 마지막 직업이다. 미국의 연방판사는 상당한 명성이 있는 법률가 중에서 대통령이 상원의 승인을 얻어 임명하기 때문에 나이가 40세는 넘는 것이 보통이고, 연방판사직을 사임하고 변호사로 진출하는 경우는 드물다. 이 점에 있어서 정기적인 보임·승진 인사를 당하여야 했던 우리나라 제3공화국의 판사들과는 너무나 다르다. 사법심사란 일개의 판사가 국회의 다수가 통과시킨 법률을 무효화하는 그야말로 '반(反)다수적'인 '주권적 특권'('sovereign prerogative')을 행사하는 것인데[50], 약관 25세에 아무런 사회경험도 없이 판사로

---

48) 전게서, pp. 130~31.

49) 전게서, p. 131.

50) '반다수적'이란 알렉산더 비켈(Alexander Bickel) 교수의 용어이며(A. Bickel, The Least Dangerous Branch, 1962), '주권적 특권' ('sovereign prerogative')이란 올리버 홈스(Oliver Holmes) 판사의 용어인데 유진 로스토(Eugene Rostow) 교수에 의하여 보편화되었다(E. Rostow, The Sovereign Prerogative, 1962). 비켈과 로스토에 대한 소개는, 이상돈, 미국의 헌법과 연방대법원 (1983, 학연사), pp. 26~31 참조.

임명된 우리나라의 일반법원의 판사나, 또는 이렇게 임명된 후 정기적인 보임·승진 인사를 통하여 고등법원 또는 대법원에 오른 판사들이 '반다수적 주권적 특권'을 행사할 것을 기대하는 것은 그 자체로서 무리였다.

제3공화국 시대에 대법원이 위헌판결을 내린 유일한[51] 사건은 국가배상 사건이었으며, 또한 대법원이 비교적 확고하게 헌법의 기본권 조항을 수호한 것은 이른바 손실보상 사건이었다.[52] 국가배상 사건과 징발재산 보상 및 공용수용에 대한 보상과 같은 손실보상 사건은 국가를 상대로 한 재산권적 청구로서 이러한 송사는 수임변호사에게 상당한 수입을 보장하였을 것이다. 당시 판·검사 및 변호사의 관문인 사법시험은 극소수를 뽑는 데 그쳤고 재야법조인, 특히 민사 분야를 주로 담당하던 변호사의 공급원은 거의 전적으로 현직판사였다. 박봉(薄俸)의 판사직을 사임하고 변호사를 개업하던 것은 그 당시의 시대상이었다. 정치적인 자유권 분야에서는 소극적이었던 사법부가 이러한 분야에서는 적극적이었으며, 이러한 결과로 당시의 행정부는 막대한 재정부담을 추가로 지게 되었고 이는 결국 '10월 유신'이라는 파국으로 향하는데 일조(一助)를 하지 않았나 한다.

---

51) 법원조직법 제59조 1항 단서도 위헌판결을 받았으나 이 사건도 결국은 국가배상법 사건과 관련된 것이다.

52) 제3공화국 헌법상의 '정당한 보상'의 해석에 관한 문제이다. 상세는, 김철수, 전게서, pp. 232~254 참조.

V. 제4공화국 헌법에 이해된 미국 헌법

1. 제4공화국 헌법의 특성

제4공화국 헌법은 '10월 유신'의 산물로, 흔히 '유신(維新)헌법'으로 통칭된다. 유신헌법을 기초한 한태연 교수는 이 헌법의 특성은 한마디로 '위기정부적 대통령제'이며,[53] 또한 "박정희 대통령의 개인적 영도력과 불가분리의 헌법"이라고 설파했다.[54] 유신헌법이 권력분립 원칙, 대의민주정치 원리 및 기본적 인권 보장과 같은 입헌민주주의의 제반 원칙에서 일탈한 헌법이었음은 의심할 여지가 없다.

유신헌법의 또 하나의 특성은 그 제정과정이다. 형식적인 국민투표로 통과된 유신헌법의 제정과정은 아직도 베일에 가려 있으며, 그 심의과정은 공개된 바 없으며 여하한 기록도 공표된 바 없다. 여기서는 유신헌법 제정에 참여한 것으로 알려진 한태연 교수와 갈봉근 교수의 책[55]을 중심으로 검토하기로 한다.

2. 대통령 선출방식

유신헌법 체제하에서 대통령은 통일주체국민회의에서 토론 없

53) 한태연, 헌법학 (1983, 법문사), p. 461.

54) 전게서, p. 462.

55) 한태연, 헌법학 (1973, 법문사); 갈봉근, 유신헌법론 (1976, 한국헌법학회).

이 무기명투표로 선출되는 전형적인 간접선거제였다. 이들에 의하면 "통일주체국민회의는 국가기구의 정상에 위치한 국가기관"으로 "전 구성원이 국민으로부터 직선된 유일한 대표기관"이었기 때문에 "이 국민회의에서 선출된 대통령은 국민의 대표기관이며 또 이 국민회의의 의장"이었고[56] "통일주체국민회의를 통한 대통령 간접선거에 의해서 보다 공고히 대통령의 국민적 정당성을 뒷받침하고 있다"는 것이다.[57]

유신헌법이 대통령 간선제를 채택한 이유에 대하여 갈봉근 교수는 아래와 같이 설명하였다.

"제헌 당시의 헌법은 국회로 하여금 대통령을 선거케 하는 간접선거제를 채용하고 있었다. 제1항 개헌 때 대통령 중심제의 원칙에 충실하다는 이유로 미국도 아직 채용하지 않고 있는 국민지선제를 채용하였다. 그 후 우리나라에서는 대통령중심제의 실시에 따라 대통령은 으레이 직선되는 것으로 알아 왔다.

그러나 이 직선제는 경제적·인적인 낭비와 선동정치로 인하여 국민분열의 조장을 노정하였을 뿐 정국을 안정시키고 국력을 정비해야 할 우리나라의 실정으로서는 방치해 두기 어려운 취약성을 나타내고 있었다. 그리하여 국력의 조직화·능률극대화와 제도의 안정을 위하여 한국적 민주주의의 토착화를 기한 유신헌법은 그 가장 중요한 혁신의 하나로서 통일주체국민회의를 통한 대통령간접선거제를 마련하였다.

……

이러한 여러 점을 고려하여, 결국 내각책임제하에서의 간접선

---

56) 갈봉근, 유신헌법론 (1976, 한국헌법학회), p. 280.

57) 전게서, p. 283.

거를 피하고 동시에 대통령선거제의 폐단을 막기 위하여, 유신 헌법 하에서의 유일한 국민의 직선 기관이며 또 개별적 이익을 배제하고 동질적 이익을 전제한 범국민적이며 초정당적인 국민의 주권적 수임기관인 통일주체국민회의가 대통령을 선출하게 되었다."[58]

갈봉근 교수의 이론 중 흥미로운 점은 "미국은 아직 대통령직선제를 채택하고 있지 않다"고 한 부분이다. 그에 의하면 "대통령을 의례히 국민의 직선으로 뽑는 것으로 알아온 것이 잘못"이라는 점이다. 그러나 갈 교수의 이러한 주장은 잘못된 이해에 근거하고 있다. 미국 대통령 선거는 외견상으로는 선거인단을 통한 간선제이지만 운영 과정에서 변화되어서 사실상으로는 직선제가 된지 오래기 때문이다.

한편, 한태연 교수는 중립적·영도적 권력으로서의 대통령의 역할을 강조하면서 미국형 권력분립제의 난점을 아래와 같이 설명하였다.

"근대민주국가의 정치적 구조에 있어서 그 권력분립의 원리에는, 언제나 그 세 권력의 최종적 결제를 위한 그 통합의 문제가 제기되고 있다. 그것은 권력분립의 원리에 있어서는 입법, 행정, 사법 등의 세 권력을 최종적으로 결제할 수 있는 통합의 요소가 빠져 있기 때문이다. 따라서, 민주국가의 정치체제에 있어서 특히 세 권력에 있어서의 이러한 통합의 요소가 문제되고 있는 것은 바로 권력분립의 원리에 철저한 대통령제의 경우가 아닐 수

58) 전게서, pp. 281~282.

없다. 사실 미국 헌법의 대통령제에 있어서는 국민의 직선에 의한 대통령과 의회가 다 같이 국민주권의 대표로서 서로 대등한 정치적 권력을 의미하고 있는 까닭에 국가적 기능의 통합이 문제될 때에는 그 어느 권력이 다른 어느 권력의 우위에 서지 않는 한 그 권력의 결제는 도저히 불가능하다. 여기에 미국 헌법에 있어서 강력한 대통령일 때에는 그 권력의 비중은 대통령에게로 기울어져 그야말로 고유한 의미의 대통령제의 정부가 출현하게 되고, 유약한 대통령에 강력한 사회일 경우에는 그 권력의 비중은 의회에게로 기울어져 이른바 의회정부가 출현되게 하는 이유가 있다."[59]

이처럼 한태연 교수는 미국의 대통령 선거제를 직선제라고 보고 있다. 한 교수는 미국식 대통령제의 결점은 '정부 기능의 통합의 결여'로 보고 있다. 사실 미국식 권력분립은 '권력의 균형'을 강조한 것으로 '정치의 고착'('dead-lock')을 가져올 가능성을 갖고 있으며, 따라서 이러한 면에 관한 한 교수의 지적은 정확하다. 그러나, 미국의 헌법제정자들이 예견하지 못하였던 정당의 출현, 독자적인 지위를 갖고 있는 상원의원, 사법부의 중요한 역할 등과 같은 해소요인을 한 교수는 간과하고 있다. 또한 제3공화국 시대에는 대통령이 속한 공화당이 시종 확고한 다수를 차지하고 있었으며 공화당 의원들은 정부 측의 입장을 철저히 따랐기 때문에[60] 제3공화국하의 우리나라에서의 권력분

---

59) 한태연, 헌법학 (1973, 법문사), p. 434.

60) 원내의 몇몇 공화당 의원이 정부 및 공화당의 방침 또는 결정을 따르지 않은 경우로는 삼선개헌 때의 몇 명의 의원(예춘호, 양순직)이 이에 반대한 것과, 1971년의 오치성 내무장관에 대한 해임건의안에 김성곤 의원과

립의 실상은 위와 같은 한 교수의 비판을 정당화하기에는 거리가 멀다.

유신 헌법의 당위성을 누구보다도 주장하였던 두 교수가 각기 미국 헌법에 관하여 언급하고 있지만 그 방향이 다른 점, 그리고 또한 무엇보다도 미국의 대통령 선거제에 대한 이해가 다른 점은 흥미롭다.

3. 위헌법률심사제도

제4공화국 헌법은 위헌법률심사권을 헌법위원회에 부여하였다. 이 헌법에 의하여 창설된 헌법위원회는 대통령이 임명하는 위원 3인, 국회에서 선출하는 위원 3인 및 대법원장이 지명하는 3인으로서 대통령이 임명하는 위원, 도합 9인의 위원으로 구성되었다.

이 같이 제4공화국 헌법이 헌법위원회 제도를 도입한 것은 제3공화국 헌법 하에서 일반법원이 향유하였던 위헌법률심사권을 배제한 것으로 의미가 있다. 제3공화국 하에서의 법원의 위헌법률심사권 행사는 그다지 활발하지는 못하였으나, 1971년 대법원의 국가배상법 판결은 상당한 파문을 일으켰다.

'권력의 집중화와 인격화'[61]를 기하였던 유신헌법이 일반법원에 의한 위헌법률심사 제도를 받아들일 수 없었음은 당연하였다. 따라서 사법심사 제도는 유신헌법의 당위성을 주창하였던 학자들에 의하여 매도되었다. 갈봉근 교수는 헌법재판소와 헌법

길재호 의원이 주도한 일부세력이 동조하여 이것이 통과된 것을 들 수 있다. 그러나 이 두 사건에는 강력한 정치적 제재가 수반되었다.

61) 한태연, 전게서, pp. 56~59.

위원회의 차이점은 논외로 하고 우리나라 풍토에서의 사법심사제를 주로 비판하였는데, 미국에서 사법심사제가 성공하게 된 배경을 설명한 후 다음과 같이 기술하였다.

"그러면 우리는 미국과 같이 역사적 과정과 기초를 가지고 있는가 하는 것이다. 첫째, 우리나라의 법체계는 영미법이 아닌 대륙법을 일본을 통하여 간접적으로 계수하였다. 물론 대륙법이 영미법보다 우리나라에 적합하다는 이유 때문에 계수된 것은 아닐 것이다. 단지 영미법이 판례법을 중심하고 있기 때문에 짧은 시일에 체계적으로 계수하지 못한다는 이유도 승인한다. 그러나, 결과적으로 우리 법체계는 대륙법계라는 것을 부인하지 못할 것이다. 둘째로 우리나라의 법관이 어느 정도의 권위와 국민의 신임을 지니고 있는가 하는 문제이며 더욱이 위헌입법심사권의 사법기관에의 인정은 '정치의 사법화' 작용을 뜻한다. 이와 같은 경우에는 법관은 국가권력으로부터 완전한 독립을 말하는 전통적인 사법권의 독립에서 오는 중립성만을 지니는 것이 아니라, 강력한 정치적 힘을 법관 자신이 지니고 있어야 한다. 즉 법관의 위헌심판에 실질적으로 정치권력체가 순종되어지는 실력을 사법기관이 가지고 있어야 한다. 그러나 현재의 우리의 사법기관이 이와 같은 권위와 신임 그리고 실력을 가지고 있는가가 의문이다. 마지막으로 미국의 위헌입법심사권은 연방국가에서 법의 통일화를 기하기 위하여 발전해 왔다는 것도 잊어서는 안 된다.

이상 지적한 세 가지, 즉 미국에 있어서의 위헌입법심사의 역사적 기본요소를 우리가 지니고 있는가 하는 문제에 부닥칠 때 비관적이 아닐 수 없다."[62]

갈봉근 교수가 미국식 사법심사제의 기초를 우리가 갖고 있지 않다고 역설한데 비하여, 한태연 교수는 미국에 있어서도 사법심사제가 비판의 대상으로 전화되는 경향이 있다고 주장하였다.

"근대 미국에 있어서의 그 헌법재판제도는 미국 헌법에 있어서의 연방대심원의 그 위헌법률심사권의 경우에서 볼 수 있는 바와 같이, 그것은 점차로 비판의 대상으로 전화하는 경향이 있다. 그것은 미국에 있어서의 그 연방대심원이 법률의 적용을 거부함으로써, 결국에 있어서는 국가의 정책에 관여하는 결과를 가져 오기 때문이다. 사실 미국에 있어서 연방대심원이 그 법률심사권을 통하여 그 국가정책에 관여하게 된 가장 대표적인 경우는, 1935~1936년을 그 절정으로 하는 뉴딜(New Dael)정책에 관한 각종의 사회정책적 입법에 대한 무효판결이었다. 뿐만 아니라 뉴딜정책에 관한 각종의 법률심사를 통하여 연방대심원은 사회의 발전과 시대의 사조에 맹목하여 그 판결은 자칫하면 반동적 경향으로 흐를 수 있는 가능성을 보여주고 있다. 최근의 미국에 있어서 자주 연방대심원의 개혁론이 일어나고 있는 이유는 바로 그 까닭이라고 할 수 있다."[63]

여기서 지적할 점은 한 교수가 이해한 미국 헌법 하에서의 사법심사의 역할은 1930년대 중반까지의 경제적 보수주의 시대의 그것이며, 이른바 '1937년의 헌법혁명' 이후의 사법심사의 발전

62) 갈봉근, 전게서, pp. 393~394.

63) 한태연, 전게서, p. 564. 이 부분에 관한 상세는, 이상돈, 미국의 헌법과 연방대법원 (학연사, 1983), p. 52 참조.

을 간과하고 있다는 사실이다.

위에서 본 바와 같이 제4공화국 헌법의 이론가들은 미국의 헌법제도를 그릇되게 소개하였다. 대통령의 선출방법과 사법심사의 운영 성향이야말로 미국의 헌법제도 중 매우 중요한 부분인데 이들이 잘못 소개된 결과로 미국의 헌법제도가 전체적으로 왜곡되는 결과를 초래했다.

제4공화국 헌법에서의 대통령 간선제를 위기정부에서의 잠정적인 제도로 보는 입장도 있는데 문홍주 교수의 견해가 대표적이다. 문홍주 교수는 "대통령의 직선제는 여러 가지 문제점이 있어도 민주국가의 원칙이다(미국의 간선제는 실질적으로 직선제와 거의 같다). 그러므로 우리도 긴장된 대외·대북·대내관계가 어느 정도 해소하면 직선제로 돌아가는 것이 바람직하다"[64]고 1973년에 펴낸 교과서에서 서술하였다.[65]

---

64) 문홍주, 한국헌법 (해암사, 1973), p. 362.

65) 그러나, 문홍주 교수는 우리나라의 현행 제5공화국 헌법하의 대통령 선거방식이 간선제이되 실질적으로는 직선과 다름이 없으며 미국의 제도와 '대동소이'하다고 1985년 초에 주장하였다. 중앙일보, 1985년 1월 14일자 3면.

Ⅵ. 결론

위와 같은 분석의 결과로 몇 가지의 결론을 내린다면 아래와 같다.

첫째, 제헌헌법의 제정 이래 제1공화국 초기에는 미국 헌법제도에 대하여 이해가 매우 부족하였다. 특히 대통령의 선출방법과 관련하여 그러하였다.

둘째, 제2공화국에 있어서 미국 헌법의 영향은 통치구조에 관한 한 사실상 전무하였다.

셋째, 제3공화국 하에서의 미국 헌법제도의 영향은 최대치였다. 특히 일반법원에 위헌법률심사권한을 부여한 것은 획기적인 사건이었다. 그러나 제3공화국 하에서의 사법부가 위헌법률심사권을 활발하게 활용하였다고 보기는 어렵다. 그럼에도 불구하고 몇몇 사건에서 사법심사권의 행사는 전면적이고 엄청난 반작용을 불러 일으켰다.

넷째, 제4공화국 하에서의 미국 헌법의 영향은 보다 착잡하다. 유신헌법 제정에 참여한 학자들이 자신들의 편의에 따라 미국 헌법을 자의적으로 해석했기 때문이다. 반면 1970년대에 들어와서는 미국의 헌법제도와 헌법판결이 매우 활발하게 국내에 소개되었다.

외국의 헌법제도는 우리나라와 같이 헌법제도상 시행착오를 경험하여 온 나라에게는 훌륭한 교훈을 제공한다. 그러나 외국의 헌법제도를 자국의 특정한 상황을 합리화하기 위하여 자의적으로 해석하고 더 나아가 왜곡하여서는 아니 될 것이다.

(한국공법학회, 〈공법연구〉 1987년)

제 2 장

미국의 대통령제

Ⅰ. 대통령제의 기원

1. 헌법 제정

1607년 4월, 일단의 영국인들이 아메리카 대륙에 처음으로 정착했다. 그 후 아메리카의 영국 식민 인구는 증가해서 1700년에는 25만 명, 그리고 1760년에는 170만 명이 되었다. 1700년까지 식민주(州)들은 각자 나름대로의 정부형태를 갖추게 되었다.[1)] 18세기에 들어서서 13개 식민주 주민들은 서서히 본국 정부와 대립하게 되었다. 1765년에 영국 국회가 통과시킨 '인지법'(The Stamp Act), 그리고 1773년에 제정된 '차(茶)법'(The

1) A. Nevins and H. S. Commanger, A Pocket History of the United States (1967), pp. 1~15.

Thomas Jefferson

Tea Act)은 식민주민들을 분노하게 하였고, 결국 보스턴에서는 이에 반대하는 폭동('Boston Tea Party')이 일어났다.2)

식민지에서의 소요 사태에 대하여 영국 국왕 조지 3세와 영국 의회가 강경하게 대응하자 1774년 9월 5일 필라델피아에서 대륙회의(Continental Congress)가 소집됐는데, 조지아를 제외한 모든 식민주(州)의 대표가 참석하였다. 대륙회의는 "식민주 인민에게 대하여 무력이 사용된다면 모든 식민주는 인민을 지원하겠다"고 천명하였다.

1775년 4월, 영국군은 식민주 민병대와 최초로 접전해서 미국 독립전쟁이 시작됐다. 이듬해 1월, 토머스 페인은 〈상식론〉('The Common Sense')을 발표해서, 영국 국왕에의 충성거부에 대한 이론을 제공하였다. 1776년 7월 2일, 대륙회의는 미국 독립을 결의하였고, 7월 4일에는 토머스 제퍼슨이 기초한 '독립선언문' (The Declaration of Independence)을 발표하고 정식으로 독립을 선포하였다. 1781년 3월, 대륙회의는 '연맹규약'(The Articles of Confederation)을 채택하였다.3)

1783년에 영국과 평화협정이 체결됨에 따라 미국은 새로운 국가로의 길을 걷는 듯하였으나 '연맹규약'이 갖고 있는 결점, 즉 중앙정부가 존재하지 않는 문제점이 노정되었다. 당시 제임스 매디슨은 버지니아 주의 랜돌프 지사에 보낸 편지에서 "상황

2) Ibid., pp. 71~77.

3) A. Kelly and W. Harbison, The American Constitution: Its Origin and Development, (4th ed., 1970), pp. 79~92.

은 악화일로에 있으며 …… 연맹은 기초까지 붕괴된다고 보는 것이 일반적"이라고 지적하였다. 1782~83년 사이에 연맹군은 밀린 봉급을 요구하고 폭동을 일으켰고, 영국군은 철수하지 않았고 스페인 군대는 플로리다 변방지역을 위협하였다. 이처럼 위기상황임에도 불구하고 중앙정부가 없었기 때문에 대륙회의는 속수무책이었다.

이 같은 문제를 다루기 위하여 1787년 5월에 필라델피아에서 의회가 소집되었으니, 이것이 '헌법제정회의'(The Constitutional Convention)이다. 이 의회에서 다룬 주된 쟁점은 중앙정부를 구성하는 문제였는데, 토론 중에 탄생한 것이 바로 '대통령제'였다. 이 회의에 참석한 대의원 39명은 헌법 초안을 그해 9월 17일에 최종적으로 채택했다.4)

2. 연맹규약과 주 헌법

1781년 대륙의회에서 채택된 '연맹규약'은 집행부에 관한 규정을 두지 않았다. 대륙회의는 '디킨슨 초안'에 포함되어 있었던 '국무위원회'(Council of State) 구상을 배척하였다. '국무위원회'는 일종의 합의체 집행부로 군사·재정·외교 등 광범한 권한을 행사하도록 구상되었으나 나중에 불필요하다고 생각되어 배제되었다. 결국 '연맹규약'은 집행부는 구성하지 않고 '주위원회'(Committee of States)를 두어 의회가 휴회하고 있는 기간에 9개 주의 동의로써 일정한 권한을 잠정적으로 행사하도록 했다. 더구나 주위원회는 군사·외교·재정에 관한 권한

---

4) Levy, Constitutional History, 1776~1789, 24 Society 30 (1986).

은 행사할 수 없도록 되어 있었다. 따라서 '연맹규약' 체제하에서 정부기능은 각종 위원회가 행사하게 되었다.

얼마 후 외교·전쟁·재정 및 해사를 담당할 부(department)가 창설되었는데, 부(部)의 수장(secretary)은 의회에 직접 책임을 졌기 때문에 부는 사실상 의회의 부속물이었다. 실제로 대륙회의 의장(President)도 의회의 주재자(presiding officer)에 불과했는데, 18세기에 흔히 사용되었던 'president'라는 용어는 '주재하는 사람'을 지칭했었다.[5)]

연맹규약이 갖고 있는 이러한 한계에 대한 반성으로 나온 것이 연방헌법 제정이었다. 당시 13개 주가 이미 정부조직을 운영하고 있었기 때문에 그런 경험은 헌법제정에 긍정적으로 기여하였다. 헌법회의에 참가하였던 55명 대표 중 39명은 출신 주의 의회에서 의원을 지냈고, 7명은 주지사를 지냈으며, 10명은 판사를 지냈다. 이들은 권력분립이 독재를 방지할 것이라는 존 로크와 몽테스큐의 정치이론에 친숙해 있었다. 사실 17세기에 이미 식민주 정부는 '권력분립'(separation of powers)을 경험하고 있었는데, 지사와 판사는 영국 국왕을 대표하였지만 주 의회는 식민주민을 대표했다.

18세기 초 들어서 주 의회는 지사와는 별도로 독자적으로 활동을 하게 되었으며, 1730~50년 사이에는 주 상원이 만들어져서 지주 계층과 중상(重商) 계층의 이익을 대변했다. 1750년까지는 각기 다른 정치적 기구가 각기 다른 기능을 행사하게 되었고, 이를 통해서 상이한 사회적·경제적 이해관계가 반영되는 시스템이 식민주에 뿌리를 내리게 됐다. '견제와 균형'이란 시스템

5) R. Pious, The American Presidency (1979), pp. 21~22.

도 이처럼 식민주의 정치를 통해 성장하였다. 주 의회가 통과시킨 법률안을 주지사는 비토할 수 있었으며, 지사의 권한은 주 의회에 의하여 상당히 제한되었다.6) 독립전쟁 기간 중에 주 의회는 우월적 지위를 차지하게 되었다.

1775년부터 대륙의회는 각주에 주의 헌법을 제정하도록 권고하였고, 1780년까지 두 개의 주(로드아일랜드, 코네티컷)를 제외하고는 모든 주가 주 헌법을 제정하였다.7) 당시 주 헌법의 기초자들은 주의 집행부는 입법부의 의사를 수행하는 기관이라고 생각하였다. 뉴잉글랜드 지역의 주와 뉴욕 주의 지사는 주민들이 직접선거로 선출했으나 그 외의 주에서는 주 의회가 지사를 선출하도록 했다. 모든 주의 헌법은 지사와 주 의회가 정부의 각개의 부를 구성하며 또한 각각의 권한을 갖는다고 규정하였다. 그 중에서도 1777년에 제정된 뉴욕 주 헌법은 강력한 주지사를 두어서 많은 주목을 받았다. 뉴욕 주의 지사는 유권자에 의하여 3년 임기로 직접 선출되었으며 재선될 수 있었는데, 그는 법률재심위원회(Council of Revision)의 의결로써 법률을 거부할 수 있었으며 공무원 인사권과 민병대 지휘권을 갖고 있었다. 뉴욕 주의 이러한 경험은 강력한 집행부라 하더라도 견제와 균형을 이루기만하면 독재를 초래할 우려가 없다는 인식을 심어주어서 이 후 미국 헌법 제정에 큰 영향을 미쳤다.8)

6) R. Pious, op. cit., pp. 22~23.

7) A. Kelly and W. Harbison, op. cit., p. 94.

8) R. Pious, op. cit., p. 24.

3. 헌법제정회의에서의 논의

필라델피아에서 회동한 각주의 대표들에게 새로운 연방정부를 어떻게 구성하느냐 하는 문제는 가장 심각한 것이었다. 그들에게는 몇 가지 선택이 가능했다. 당초에는 유럽형 왕정(王政)이 거론되기도 하였으나 조지 워싱턴은 “새로운 정부는 공화정을 채택하여야 한다”고 분명히 말해서, 왕정은 더 이상 거론되지 못하였다.

따라서 두 개의 대안이 제시되었는데, 하나는 행정 각부의 장으로 구성되는 국무원(Council of State)을 두고, 이 국무원이 입법부의 의사를 집행하도록 하는 것이고, 둘째는 ‘견제와 균형’의 체제하에 독자적인 집행부를 구성하는 것이었다. 로저 셔먼은 전자를 지지했고 조지 워싱턴은 후자를 지지하였다. 헌법제정회의에서 독자적인 집행부를 설치해야 한다고 주장한 사람은 알렉산더 해밀턴, 제임스 윌슨 등이었고, 에드먼드 랜돌프, 엘브리지 게리, 존 디킨슨 등은 의회 우위를 주장하였다.

헌법제정회의에서 처음 제시된 구상은 ‘버지니아 플랜’이었다.[9] 에드먼드 랜돌프가 제출한 ‘버지니아 플랜’은 양원으로 구성된 의회와 의회에서 선출하는 집행부를 두고, 집행부는 의회의 의사를 대변하고 집행하도록 되어 있었다.[10] 얼마 후 ‘뉴저지 플랜’이 제출되었는데, 연방의회에서의 동등한 대표권을 확보하고자 한 작은 주의 견해를 반영한 것이었다.[11] 결국 의

9) C. Bowen, Miracle at Philadelphia (1966), pp. 32~39.

10) A, Kelly and W. Harbison, op. cit., pp. 122~127.

11) C, Bowen, op. cit., pp. 104~115.

회의 구성은 인구비례로 선출되는 하원과 각주가 동등한 대표를 선출하는 상원으로서 타결되었는데, 이를 흔히 '대타협'(Great Compromise)이라고 부른다.12)

'버지니아 플랜'과 '뉴저지 플랜'이 구상했던 집행부는 의회에 의하여 선출되고 의회의 의사를 집행하는 기관이었다. 그러나 제임스 윌슨, 알렉산더 해밀턴 및 제임스 매디슨은 "새로운 공화국이 강력하고 독자적인 집행부를 필요로 하고 있다"고 주장했다. 그 중에서도 제임스 윌슨은 "집행부의 수장이 국민의 직접선거에 의하여 선출되어야 한다"고 주장하였다. 그러나 윌슨의 직선제는 공감을 얻지 못하였는데, 국민이 집행부 수장을 직선한다는 것은 당시로서는 경험해 보지 못한 제도였기 때문이었다.

이 같은 논란을 거친 후에 채택된 방안이 선거인단(Electoral College)을 통해서 대통령을 선출하는 제도인데, 일종의 타협책으로서 위험스러운 국민직선제와 권력분립원칙에 위배되는 의회선출제를 모두 피하기 위함이었다.13) '의회로부터 독립된 대통령'이란 구상은 불과 20년 동안의 논의를 거쳐서 나온 것으로 미국 헌법구조에 있어서 특징적인 위치를 차지하고 있으며, '견제와 균형'이라는 헌법 원리와 함께 대통령제 정부형태의 근간을 이루게 된다.14)

---

12) A, Kelly and W. Harbison, op. cit., pp. 129~132.

13) A, Kelly and W. Harbison, op. cit., pp. 132~136.

14) Cronin, The Origins of the American Presidency, "This Constitution", Fall 1986 (No.12), pp. 11~18.

Ⅱ. 대통령제의 발전

1. 헌법과 대통령

James Madison

1787년 9월 17일에 필라델피아에서 열린 대륙회의에서 채택되어 각 주(州)의 인준을 거쳐서 확정된 미국 헌법의 특징을 간략하게 표현한다면 권력분립형 또는 '견제와 균형'하의 대통령제라고 할 수 있다. 헌법제정 과정에서 중요한 역할을 한 제임스 매디슨이 〈연방주의론〉(The Federalist Papers)에서 몽테스큐를 인용하면서, "자유의 보존은 세개의 부(府)가 분리되어야 하며", "입법부와 행정부가 한 사람 또는 한 개의 기구에 속하면 그것은 자유의 종말이 될 것"이라고 한 데서 권력분립론의 철학적 배경을 볼 수 있다.15) 의회는 입법권(legislative power)을 갖고, 대통령은 집행권(executive power)을 가지며, 사법부는 사법권(judicial power)을 갖고 있어서 삼권은 분리(separation of powers)되어 있지만 미국 헌법은 단순한 분리가 아닌 상호간의 견제(checks)로서 균형(balances)을 상정하고 있는 것이다.

---

15) "The Federalist Papers" No, 47, Ed. by C. Rossiter (1967), pp. 300~308.

구체적으로 의회는 법률안을 제정하지만 대통령은 이를 거부(veto)할 수 있으며 이 경우 의회는 상·하원이 각각 2/3 이상의 찬성으로 대통령의 거부권 행사를 압도하지 못하면 법률이 되지 못한다(제1조 7항). 의회는 전쟁을 선포하고 군대를 유지하지만(제1조 8항) 대통령은 군의 총사령관이 되며(제2조 1항), 상원의 권고와 동의하에 대통령은 조약을 체결하며 대사, 주요 공무원 및 연방판사를 임명하며(제2조 2항), 법률을 충실하게 집행할 책무를 진다(제2조 3항). 대통령은 4년 임기로 선출되며(제2조 1항), 반역 또는 기타의 중죄·경죄를 이유로 의회에 의하여 탄핵될 수 있다(제3조 4항). 대통령의 권한과 의회와의 관계는 방대하고도 중요한 학문적 영역이 되었다.[16]

2. 19세기의 대통령

1789년 선거에서 선거인단은 조지 워싱턴을 만장일치로 대통령으로 선출했다. 하지만 과연 새 공화국이 유지될 것인지, 또 대통령제가 제대로 기능할 것인지는 알 수 없었다. 워싱턴은 '공화국'(republic form of government)을 '미국민에 위탁된 실험'으로 신뢰했다. 워싱턴은 파당 정치를 경계했지만, 두 번째 임기 동안에

George Washington

16) E. Corwin, The President: Office and Powers, 1787~1984 (5th Revised Ed. by R. Bland, T. Hindson and J. Peltason, 1984); J. Bessette and J. Tulis, The Presidency in the Constitutional Order (1981).

연방파와 공화파의 분열이 발생하며 이 대립은 결국 정당정치로 발전하게 됐다. 중임제한 규정이 헌법에 없음에도 불구하고 조지 워싱턴은 두 번째 임기가 끝난 후 퇴임했다.

1796년 선거에서 선거인들은 소속 정당의 지배를 받게 되어 헌법 제도인 선거인단은 유명무실해 졌고, 헌법이 예상하지 않은 정당이 중요한 역할을 담당하게 되었다. 연방파(The Federalists)인 존 애덤스 대통령의 집권 4년은 실정과 혼란으로 얼룩졌으며, 결국 1800년 선거에서 토머스 제퍼슨이 이끄는 공화파(The Republicans)가 대승을 거두었고('1800년 혁명') 이에 따라 연방파는 소멸하고 말았다. 토머스 제퍼슨은 1801년 2월에 36차에 걸친 하원 결선투표로 대통령에 당선됐는데, 이 선거는 너무나도 유명한 Marbury v. Madison 판결의 직접적인 원인이 되었으며, 또한 헌법수정 제12조를 제정하여 부통령을 러닝메이트로 선출토록 하는 계기가 되었다.

토머스 제퍼슨은 새로운 대통령상을 국민에 보여주었다. 제퍼슨은 공화파라는 정당의 지도자이었으며 행정부의 수반이었다. 따라서 그는 하원의 공화파 정당회의(caucus)를 통하여 입법활동을 이끌었는데, 연방파가 소멸하자 공화파 정당회의는 사실상의 하원회의(Congressional caucus)가 되었다. 제퍼슨의 뒤를 이어서 대통령이 된 제임스 매디슨과 제임스 먼로도 하원회의의 지지를 받아서 대통령에 당선되었다. 그렇다고 대통령이 의회의 지배를 받은 것은 아니었고, 의회는 대통령의 결정을 존중했다. 에드워드 코윈의 표현을 빈다면 "대통령제는 기능을 시작한 것이다."[17]

---

17) E. Corwin, The President: Office and Powers, 1787~1984 (1984), p. 19.

Andrew Jackson

대통령제는 7대 앤드루 잭슨 대통령 시대에 쇄신되었다. 테네시 주 출신의 평민이며 군인 출신인 잭슨은 버지니아 주와 보스턴 출신의 전임 대통령들과는 스타일이 달랐다. 잭슨은 강력한 개성을 갖고 있었으며 군사적 명성으로 일반국민 대중의 인기를 등에 업고 있었다. 잭슨은 의회를 거치지 않고 국민 대중을 상대로 직접 호소했고, 대통령이 미국민 전체를 대표한다고 생각했던 최초의 대통령이었다. 잭슨은 중앙정부에 엽관제(spoils system)를 도입하고, 대통령 후보지명 전당대회를 시작하여 명실상부한 정당정치 시대를 열었다.[18] 이런 현상은 헌법제정자들이 예상한 바는 아니었지만, 선거권 확대와 함께 불어 온 대중민주주의와 강력한 대통령이란 새로운 대통령제가 시작된 것이다.

앤드루 잭슨이 정립한 대통령상은 에이브러햄 링컨에 의하여 다시 강화되었다. 주위 사람의 견해에 의존하기 보다는 자신 혼자서 결정을 내리는 성향의 고독한 천재였던 링컨은 의회를 번거로운 필요악(惡)으로 보았으며, 헌법에 규정된 군 총사령관(Commander-in-Chief) 조항과 법을 성실하게 집행할 대통령의 책임 조항을 넓게 해석하여 대통령이 전쟁권한을 갖고 있다고 생각하였다. 링컨의 이러한 입장은 이후 대외·군사문제에서의 대통령의 역할이 증대되는데 크게 기여하였다.[19]

링컨에 의해 새로 정립된 대통령상(像)은 그의 후임자인 앤드루 존슨 대통령 시대에 급반전을 맞고 말았다. 하원의 강경파

18) Ibid., pp. 20~21.

19) Ibid., pp. 23~24.

공화당 의원들과 사이가 나빴던 존슨은 상원에서의 탄핵심판에서 단 1표차로 무죄를 선고 받았으나 대통령으로서의 위신은 땅에 떨어지고 말았다. 이후 미국의 중앙정치에서는 하원이 주역으로 등장하였는데, 남북전쟁 직후에는 새디어스 스티븐스와 같은 급진공화파의 지도자가, 그리고 후에는 토머스 리드와 조셉 캐논과 같은 인물이 이러한 하원의 전성기를 대표하였다.

남북전쟁 후의 이러한 정치적 변화에 대하여 대통령제에 대한 회의와 비판이 제기되었다. 남북전쟁 도중에는 하원의원이던 조지 펜들턴이 장관이 의원직을 겸할 수 있도록 하여 행정부의 정책결정이 의회와의 협력 하에 이루어지게 하자고 제안하였으며,[20] 1884년에는 헨리 락우드는 대통령을 없애고 스위스식의 집행부로 대체하는 헌법개정을 주장했다.[21]

1885년에 출간된 〈의회정부〉(Congressional Government: A Study in American Politics)에서 프린스턴대학교 정치학 교수이던 우드로 윌슨은 "미국의 정부과정에서 의회가 주도적 역할을 담당하는 것이 타당하다"면서, '견제와 균형'을 근간으로 한 헌법구조에 대하여 의문을 표시하였다. 윌슨은 "권력과 권력행사에 대한 엄격한 책임이야말로 좋은 정부(good government)의 필수적 요소이다. 미국 헌법체계에 있어서 가장 큰 결점은 권력을 조각조각 내고 책임을 혼란시킨데 있다. …… 미국 정부는 현재 그 권력이 분산되어 있고 능률성이 결여되고 있어서 …… 취약한 상태에 있다"고 하였다. 윌슨은 구체적으로 헌법 개정을 제안하지는 않았으나, 그는 영국식 의원내각제를 선호했다.

---

20) J. Sundquist, Constitutional Reform and Effective Government (1986), p. 50.

21) H. Lockwood, The Abolition of the Presidency (1884).

이처럼 19세기 말에 이르러 미국의 대통령제는 위협받고 있었으며, 의회가 정국을 주도하고 있었다. 반면에 영국에서는 모범적인 내각책임제 정치가 운영되고 있었고, 1848년에 제정된 스위스 헌법은 집정부형 정부를, 그리고 1867년에 제정된 캐나다 헌법은 의원내각제를 채택하였다.

3. 20세기의 대통령

Theodore Roosevelt

19세기 말에 대통령제는 이처럼 도전을 받았으나, 또 한편으로 대통령제는 미국에 이미 뿌리를 박은 제도였다. 20세기 들어서 새로운 모습의 대통령이 나타났는데 시어도어 루스벨트가 바로 그였다. 1901년 9월에 윌리엄 매킨리 대통령이 암살된 후에 대통령직을 승계한 시어도어 루스벨트는 성격상 수동적인 대통령에 머무를 수 없었던 사람이었다. 그는 당시 팽배하였던 자유주의적이고 국가주의적인 분위기를 이끌어 나가는데 적절한 인물이었다. 루스벨트는 대통령직을 국민의 공통적 복지와 운명을 돌보는 '선도자'(stewardship)로 생각하고, 당시의 경제적·사회적 위기 상황에 적극적으로 개입하였다.[22)]

1910년대에 들어 의회에 큰 변화가 있었다. 첫째, 하원의장의 권한이 약해 졌다는 사실이다. 전임 토머스 리드 하원의장의 전제적인 권한과 스타일을 1903년에 전수받은 조셉 캐논 하원

22) A. Kelly & W. Harbison, op. cit., pp. 585~590.

의장은 권력을 자의적으로 행사해서 하원을 지배했다. 그러나 그는 1908~1909년에 조지 노리스를 위시한 진보성향의 하원의 원들의 도전을 받았고, 1910년 선거에서 민주당이 하원의 과반수 의석을 차지하자 의장직에서 추방되었다. 이를 계기로 하원 의장의 권위는 추락했고 대통령이 하원의 입법활동에 있어서의 실질적인 배후지도자로 등장하게 됐다.[23] 둘째, 1911년에 의회를 통과하여 1913년에 비준이 완료된 헌법수정 17조 때문이다. 이 수정조항으로 상원의원이 일반투표로 선출되게 됐고, 이에 따라 상원이 파당적 보스와 정상배, 그리고 원로정치인 집단으로부터 탈피하게 되었다.[24]

1912년 선거에서 우드로 윌슨의 대통령 당선은 새로운 시대를 열었다. 1912년 선거에서 시어도어 루스벨트가 신당(개혁당: 'Progressive Party')후보로 출마하였기 때문에 공화당은 양분되었고, 윌슨의 당선은 보장되었다. 우드로 윌슨은 젊은 정치학자 시절에 미국의회를 분석한 〈의회정부〉를 1883년에 출간하였는데 이 책에서 윌슨은 당시에 의회가 사회의 복잡한 문제를 해결하는 데 실패하였으며, 권력분립이 정부구조를 저해한다고 지적했다.

대통령이 국가적 리더가 되어야 한다고 믿었던 윌슨은 대통령이 된 후에는 진보적인 의원들의 협조를 얻어 당시 요구되고 있던 많은 사회·경제 분야의 입법을 밀고 나갔다. '행정부 법안'(administration bill)이라는 용어가 본격적으로 사용된 것이 윌슨 시대부터였다. 윌슨은 대통령직을 영국의 총리에 비견하여 생각하였다고 평가된다.[25] 윌슨의 지도력은 제1차 세계대전 중

23) Ibid., pp. 626~629.

24) Ibid., pp. 629~632.

인 2기 임기 중 현저히 약화되었다. 국제연맹을 탄생시키기 위한 벨사이유 조약에 대하여 상원이 비준동의를 거부하자 세계평화를 향한 윌슨의 구상은 좌절되고 말았다. "조약체결에 대한 동의는 상원의 2/3 찬성으로 하여야 한다"는 18세기 헌법 조문의 희생이 된 윌슨은 "미국 상원이야말로 그 과반수가 원하는 바를 할 수 없는 세계에서의 유일한 입법부이며, 소수의 이기적이고 간교한 인물들이 위대한 미 합중국 정부를 무력하게 또 경멸의 대상으로 만들었다"고 분개했다.[26]

1920년 선거에서 워런 하딩이 당선됨에 따라서 정치적 보수주의와 경제적 자유방임주의의 시대가 시작되었다. 1929년에 주식시장이 폭락함으로써 대공황은 시작되었고 이에 적절하게 대응하지 못한 허버트 후버 대통령은 임기가 보장되는 대통령제의 단점을 노정하였다.

대공황으로 인한 정치적 위기는 1932년 선거에서 프랭클린 루스벨트가 대통령에 당선되고 의회에 민주당 의원들이 대거 진출함으로써 해소되었다. 루스벨트는 일련의 뉴딜 입법과 정책을 밀고 나갔고, 이러한 과정을 통하여 연방정부의 권한은 전에 없이 강력하여 졌다. 루스벨트는 1936년에 재선되었으며, 1939년 가을에 독일이 주변 국가를 침공하여 제2차 세계대전이 시작된 1940년에 3선되었고, 전쟁 말인 1944년에 4선되었다. 제2차 세계대전 중 프랭클린 루스벨트는 카리스마적 리더십을 발휘하여 연합국을 승리로 이끌었다.

제2차 세계대전과 전쟁 후의 냉전 체제는 대통령으로 하여금 대외정책과 군사행동에 있어 능동적이고 주도적인 역할을 취하

25) Ibid., pp. 645~649.

26) E. Corwin, op. cit., p. 29.

도록 요구되었다. “선전(宣戰) 권한이 의회에 있다”는 헌법조문은 사실상 무시되었다. 트루먼 대통령은 1950년에 의회의 동의 없이 군을 한국에 파병하여 전투에 참가시켰는데, 그는 이것이 전쟁행위가 아니고 군(軍) 총사령관인 대통령의 ‘경찰행위’(police action)라고 하였다. 아이젠하워 대통령은 1958년의 레바논 내란 사태 때 해병대를 의회의 동의 없이 베이루트에 상륙시켰으며, 케네디 대통령은 집권 초에 쿠바 침공(‘피그스 만 침공’)을 독자적으로 승인하였고, 미사일 위기 때에는 쿠바에 대한 해상봉쇄를 단행하였다.

전후(戰後)의 위기상황은 미국 대통령이 세계 지도자로 등장하도록 요구하였다. 20세기 중반기의 미국은 18세기 말에 헌법이 제정될 당시의 미국이 아니었으며, 세계의 강대국인 미국의 대통령은 헌법이 제정될 당시의 미국의 대통령에 머물 수는 없었다. 헌법의 원래적 해석에 의한다면 프랭클린 루스벨트 이후의 대통령들은 분명히 헌법을 위반했으나 의회도 대통령의 확장된 역할을 인정하였다.

1961년 당시 상원 외교분과위원장이던 윌리엄 풀브라이트 의원은 “미국 대통령은 군 총사령관으로서 평화와 전쟁이 순간에 좌우될 수 있는 현 세계에서 군사적 결정을 내릴 수 있는 전적인 책임을 지고 있으며 또한 외부세계에 대하여 미국을 대표한다. …… 1960년대에 18세기 헌법절차의 사치를 누릴 수는 없다”[27]고 했다. 실제로 의회 지도자들은 자기와 소속이 다른 정당의 대통령의 대외정책에 대하여도 협력을 아끼지 않았는데, 트루먼 대통령의 마샬 플랜 수립과 NATO 설립을 지지했던 아

27) Fulbright, American Foreign Policy in the 20th Century Under 19th Century Constitution, 47 Cornell L. Q. 1, 3~7 (1961).

서 반덴버그 공화당 상원의원, 아이젠하워 대통령의 대외정책을 지지하였던 린든 존슨 민주당 상원의원이 대표적인 경우이다.

1960년대에 들어와서 미국은 베트남에 개입하게 되었다. 존슨 대통령은 통킹만(灣) 사건 이후 북 베트남에 대한 폭격을 명령하고 미 지상군을 남 베트남에 파견했다. 의회는 1964년 8월 '통킹만 결의'를 거의 만장일치로 통과시켜 존슨 행정부의 전쟁정책을 지지하였다. 그러나 베트남에서의 단기승전을 자신하였던 군사전략가들의 장담과는 달리 밀림에서의 전쟁은 지연되었고, 급기야는 1968년 초 북 베트남군의 구정 대공세를 맞게 되었다. 전쟁에 대한 미국의 여론은 회의와 반대로 급전하며, 존슨 대통령은 평화회담을 제시하고 불출마를 선언하였다. 1968년 선거에 당선된 리처드 닉슨은 이 '미국의 고민'을 인계하게 되었다.

베트남 전쟁에서의 좌절은 미국의 대외정책의 실패일뿐더러 대통령 권위의 상실을 의미하였다. 1971년 초에 의회는 '통킹만 결의'를 폐지하였고 그해 여름 뉴욕타임스는 〈국방부 비록〉(The Pentagon Papers)을 게재하였는데, 이는 베트남에의 미국의 개입이 대통령과 그의 최측근에 의하여 비밀리에 결정되었음을 보여 주었다.

Richard Nixon

1972년 선거에서 리처드 닉슨은 무난하게 재선되었지만 2기 임기 시작과 더불어 워터게이트의 악령에 시달리게 되었다. 샘 어빈 상원의원이 이끄는 상원특별청문위원회(Ervin Committee)가 구성되어 대통령의 보좌관들의 증언을 들었다. 특별검사 아치볼드 콕스가 닉슨에 의하여 파면된 후 하원 사법위원회는 닉슨에 대한 탄핵소추안을 상정하여, 1974년 7월 27일 소추(訴追)를 의결했고, 닉슨은 8월 8일 사임하였다. 이리하여 닉슨은 미국 최초로 임기 중 타의로 사임한 대통령이 되었다. 1970년대 초에 대통령제는 이와 같이 도전받았으며, 또한 위기에 처하게 되었다.

4. 대통령제의 변천

미국에서 대통령의 권위와 정치력은 20세기에 들어와서 계속 신장하였다. 이러한 과정에서 대통령은 헌법의 틀을 벗어나서 권력을 행사하게 되었다. 아서 M. 슐레진저는 1973년에 발간된 〈제왕적 대통령〉(The Imperial Presidency)에서 "국제적 위기 상황에의 신속한 개입이 미국의 의무이며 권리라는 신뢰가 결국 대외관계에서의 권력분립 원칙을 파괴하였으며, 더 나아가서 국내정책에 있어서도 유사한 권력집중을 초래하였다"면서 이러한 형태의 대통령을 '제왕적 대통령'이라고 불렀다.[28] 베트남 전쟁과 워터게이트 사건도 '제왕적 대통령'의 현상이 빚어낸 비극인 것이다.

대통령 권한이 절정에 달하더니 결국 파탄을 불러 일으켰으며, 이로 인해 대통령제에 대한 반성이 필요하다는 목소리가 나왔다.[29] 베트남 전쟁과 워터게이트 사건이 남긴 가장 큰 후유증은 대통령에 대한 불신이었고, 더 나아가서 이제는 대통령제 정부 자체에 대한 성찰마저 요하게 됐다.

---

28) A. Schlesinger, The Imperial Presidency (Popular Library, 1973), p. 205.

29) C. Roberts (ed.), Has the President Too Much Power? (Harper, 1973).

Ⅲ. 대통령제 개혁 논의

1. 대통령제 정부의 문제점

(1) '분리된 정부'

대통령제는 두 개의 취약점을 갖고 있는데, 하나는 '제왕적 대통령'이라고 부를 수 있는 전제적인 대통령이 야기하는 문제이며, 또 하나는 대통령과 의회 다수파의 소속정당이 다른 경우에 야기되는 '분리된 정부' 현상이다. 1970년대 초에 베트남 전쟁과 워터게이트 사건으로 대통령제 자체가 그 신뢰와 존엄성에 결정적인 타격을 입게 되었고, 그에 대한 반작용으로 '분리된 정부' (divided government) 현상이 심화되었다.

민주적 정부에서 대립과 갈등은 필수적인 것이다. 그러나 의회의 다수파가 속한 정당과 대통령이 속한 정당이 각기 다르고 이들이 팽팽하게 대립한다면 정부는 분리되어서 아무 일도 할 수 없게 되는데 이것이야 말로 의원내각제 정부형태를 취하는 국가에서는 찾아 볼 수 없는 대통령제 정부의 취약점이다.

'분리된 정부'는 19세기 미국에도 이따금 있었으나 그 양상이 심각하여 진 것은 20세기 후반기에 접어들어서이다. 1854년에 공화당이 창설된 후 민주당과 공화당 사이의 선거전은 미국정치의 가장 중요한 현상이 되었지만 '분리된 정부'는 드물었을 뿐더러 심각하지도 않았다. 남북전쟁 후 19세기 후반기의 대통령은 자체가 강력한 리더십을 발휘하지도 못해서 의회와 대립은 발생하지 않았다. 그러나 1954년 이후에는 '분리된 정부'가 오히려 정상적인 패턴이 되고 말았다.

1953년부터 1988년까지 36년 동안 공화당 출신 대통령이 24년 동안 백악관을 차지하였다. 그러나 1955년 후 하원은 1988년까지 민주당의 지배하에 있으며 상원은 1980년까지 24년간 민주당의 지배하에 있다가 6년간의 공화당 지배를 거쳐서 1987년 이후 또 다시 민주당의 지배하로 들어갔다. 이러한 경향은 주로 남부 주의 유권자들이 보다 보수적인 공화당 대통령 후보를 지지하면서도 의원은 민주당 후보를 선택하는 데에서 비롯된 것이다. 이로 인하여 공화당 대통령들(드와이트 아이젠하워, 리처드 닉슨, 제럴드 포드, 로널드 레이건)은 민주당 지배의 의회, 특히 하원과 상대하여야만 하였다.

아이젠하워 대통령 시대에는 급박한 동서냉전이란 국제정세로 대외정책에서는 초당적 합의를 이룰 수 있었다. 그러나 1955년 이후 아이젠하워 행정부는 교육·주택·보건 등 내정문제에 관하여 사사건건 의회와 대립하였다. 닉슨 행정부도 마찬가지였는데, 특히 두 번째 임기 중 의회는 닉슨 대통령과 사실상 전쟁을 한 것과 다름없었으며 끝내는 닉슨을 사임으로 몰고 갔다. 닉슨의 뒤를 이은 포드 행정부 시대에도 사정은 비슷했다. 과거에는 비교적 초당적이었던 대외정책 분야에서도 의회는 대통령에 지지를 보내기를 거부하였다. 그 결과 베트남과 캄보디아에 대한 지원은 차단되었으며, 사이프러스나 앙골라와 같은 당시의 대외위기에 대한 대응이 약화되었다. 의회는 대외정책에서 주도권을 확보하려 하였으나 결과적으로는 외교정책의 공백을 초래했을 뿐이다. 포드 대통령은 이러한 의회에 대하여 법률안 거부권

(veto)으로 대응하였다. 포드 대통령은 29개월이란 짧은 재임기간 동안 법률안 거부권을 무려 63회나 행사하였는데, 이는 행정부와 의회가 완전한 교착상태(deadlock)에 빠져 있음을 뜻하는 것이었다.[30] 미국 정치가 교착에 빠지면 세계 평화에 대한 위협을 초래할 수 있으니, 중대한 문제가 아닐 수 없다.

또 하나의 중요한 점은 이 같은 '분리된 정부'를 보는 시각이다. 1970년대에 행해진 몇몇 여론조사는 미국민의 다수가 '분리된 정부'가 민주적 정부이며 좋은 정부라고 생각하고 있음을 보여 주었다. 1972년 11월에 행해진 해리스 여론조사에 의하면 조사대상자의 36%가 '분리된 정부'는 국가를 위하여 좋은 현상이라고 하였고, 21%는 나쁘다고 하였으며, 36%는 아무런 관계가 없다고 답하였다. 1976년 8월, 선거를 수개월 앞두고 행한 해리스 조사는 40% 대 38%로 역시 '분리된 정부'를 지지하고 있음을 보여 주었다. 1984년 선거기간 중 해리스 조사는 55%~60%의 유권자들이 공화당이 지배하는 의회는 로널드 레이건에게 무제한한 권한을 허용하여서 국가에 나쁜 결과를 가져올 것이라고 생각하고 있음을 보여 주었다.[31]

(2) 대통령과 의원의 임기

미국 헌법은 대통령의 임기는 4년이며 1차 중임이 허용되며, 전임자의 잔여임기를 2년 이상 채운 경우는 1번에 한하여 선출될 수 있다고 규정한다. 하원의원 임기는 2년이며 상원의원 임

---

30) J. Sundquist, Constitutional Reform and Effective Government (Brookings Institution, Wash. D.C., 1986), pp. 75~78.

31) Ibid., pp. 86~87.

기는 6년으로 전체 1/3의 상원의원이 2년마다 개선(改選)된다. 따라서 하원의원은 그 임기의 뒷부분 1년은 의회활동 보다 재선 운동에 주력하게 되며, 대통령은 4년 임기 중 첫 한해는 행정부를 구성하고 업무를 파악하는데 할애하고, 마지막 한해는 자신의 재선운동을 하며, 재선에 나서지 않거나 중임제한으로 재선에 나설 수 없는 경우에는 '레임덕'(lame duck)이 되어 버린다.

유럽의 의원내각제 정부와는 달리 정치적으로 임명하는 자리가 많은 미국의 공무원 체계, 그리고 갈수록 길어지고 돈이 많이 드는 대통령 선거는 새로운 대통령이 자신의 정책을 실현시킬 시간적 여유를 극소화시키고 말았다. 중간선거(대통령 선거가 없는 선거)에서는 예외 없이 대통령 소속 정당의 의석은 감소했고 이에 따라 후기 집권기간 중 대통령의 영향력은 감소하기 마련이었다. 행정부를 불신으로 보는 1970년대의 풍조는 의원들로 하여금 대통령과 거리를 두는 것이 재선에 있어 중요하다고 생각하게 되었고, 대통령 임기 후반기에는 대통령이 속한 정당에 속한 의원마저 행정부 법안에 등을 돌리게 되었다.

2년마다 하는 선거가 갖고 있는 이러한 부작용은 '분리된 정부'와 결부되어서 건전한 장기적인 국가정책의 수립과 집행을 거의 불가능하게 하였다. 새로이 당선된 대통령은 오직 그 첫해에 한하여 자신의 정책을 구현할 수 있을 뿐이다. 이러한 현상이 20세기 후반기에 들어 생긴 것은 아니지만 상황이 더욱 심해진 것이다. 상원 원내대표를 오래 지내서 의회의 생리를 잘 알았던 린든 존슨 대통령은 1964년 선거에 당선된 후의 첫해에 워싱턴 D.C.에 자치권한(home rule)을 인정하는 법률안 등 논쟁적인 프로그램을 성급히 의회에 제출하여 통과시켰는데, 존슨은 그 후 "대통령 임기 4년 동안 대통령이 실제로 사용할 수 있는 기간은 첫 한해 뿐"이라고 술회하였다.32)

중앙정치에 어두웠던 카터 대통령과 조지아 주 출신의 그의 보좌관들은 첫해의 기회마저 헛되이 보내버렸고 그 후론 아무 일도 할 수 없었다. 카터 행정부에서 국무장관을 지낸 사이러스 밴스는 "카터의 임기 마지막 18개월간 행정부는 자신감과 용기를 상실하였으며", "선거의 압력만이 아니었으면 1979년의 중동사태, SALT II 협상, 중남미 사태는 달리 발전할 수 있었을 것"이라고 회고하였다.33)

레이건 행정부는 임기 첫해에 감세, 예산절감 및 정부조직 축소조치 등 놀랄만한 조치를 취했는데, 이는 하원의원을 지낸 데이비드 스토크먼 예산국장의 면밀한 준비에 힘입은 것이다. 하지만 스토크먼도 나중에 임기 첫해의 성급했던 정책결정의 부작용을 시인하였다. 막대한 재정적자가 예상되던 1984년 초에 스토크먼은 이를 축소할 수 있는 기회는 "선거가 끝나고 새로운 의회가 구성되는 1985년의 전반기 6개월 뿐"이라고 하였다. 그는 또한 "미국의 정치패턴 하에서는 4년이란 대통령 임기 중 최초의 6~7개월 동안만 어떠한 정책을 집중적으로 추구할 수 있다"고 말했다. 얼마 후 예산국장을 사임하면서 스토크먼은 "정책결정에 있어서 너무나도 많은 다른 소리가 난무하는 워싱턴의 풍토 하에서 건전한 정책을 수립하고 집행하는 것은 극도로 어려웠다"고 술회하였다. 1984년에 하원 세입세출위원회의 공화당 수석위원인 바버 코너블과 당시 공화당 원내대표였던 로버트 돌도 대통령의 4년 임기 중 기껏해야 첫 1년 동안 '기회의 창

32) Ibid., pp. 105~106.

33) Ibid., p. 124

구’ (window of opportunity)가 열릴 뿐이라고 말했다.[34)]

(3) 기타 문제점

‘분리된 정부’와 ‘너무 잦은 선거’ 외에도 논의되는 문제로는 다음이 있다.

첫째, ‘실패한 대통령’(failed President)이 야기하는 문제가 있다. 워터게이트 사건으로 사임한 닉슨 대통령의 경험으로부터 제기된 문제인데, 유럽식 의원내각제에서는 도대체 문제도 되지 않는 것이다. 닉슨은 1974년 8월에 사임해서 헌법위기는 해소되었지만 1973년 초부터 1974년 8월까지 미국은 실로 심각한 상황에 처해 있었다. 탄핵 절차는 번거롭고 오래 걸리며, 서방세계의 가장 중요한 정치지도자인 미국 대통령이 탄핵심판 절차에 피고로 선다는 것은 위험할 수도 있어서, 탄핵은 ‘19세기 유물’인 셈이다.

하지만 미국 헌법은 탄핵 외에 대통령을 해임할 수 있는 장치를 두고 있지 않다. 이것이야말로 대통령 임기를 보장하는 대통령제의 취약점이다. 워터게이트 사건은 녹음 테이프라는 결정적 증거가 있었기 때문에 닉슨은 최후의 지지를 상실하고 사임했다. 하지만 이런 경우가 아니면 어떠한 대통령도 상원의 탄핵심판에서 무죄판결에 필요한 34명의 지지를 확보할 수 있을 것이며, 그러한 정치과정은 혼란과 마비의 연속이 될 수 있다.[35)]

그 외에도 법률안에 대한 항목별 거부권(item veto) 행사를 허용하는 문제, 입법적 거부(congressional veto)를 부활시키는

34) Ibid., pp. 105~107.

35) Ibid., pp. 135~137.

문제, 전쟁권에 대한 의회와 대통령 사이의 권한의 조정, 그리고 조약 비준에 대한 동의를 상원 재석의원의 2/3로 한 것에 대한 재검토 등이 있다. 항목별 거부권의 문제는 갈수록 법률안이 수정안 등의 패키지로 다루어지는 경향이 있어서 대통령의 입법 지도력이 무색하여 지는 데에 대한 개선책으로 제기되고 있으며, 입법적 거부는 1983년에 INS v. Chadha 사건으로 위헌판결을 받았는데, 이를 헌법개정으로 부활시켜 의회와 행정부 사이의 관계를 조정하자는 제안이다. 전쟁권 문제는 1973년의 '전쟁권 결의' 이후 제기 되어 오고 있으며, 상원의 조약체결 동의권은 1919년 베르사이유 조약에 대한 비준 거부 이래 미국 헌법의 숙제로 남아 있다.[36]

2. 개혁 논의

(1) 문제해결 방향

미국 헌법제정 200주년에 즈음하여 발간된 헌법과 정부에 관한 저술 중 특히 대통령과 의회와의 관계를 다룬 것이 많았음은 우연이 아니다.[37] 대통령과 의회와의 불협화는 이제 우려할 정도의 상황이 된 것이다. 그 중에서 주목할 만한 것은 도널드 L. 로빈슨이 편집한 〈미국 정부 개혁론〉(Reforming American Government)[38]인데, 헌법 제정 200주년을 맞이하여 미국 헌

36) Ibid., pp. 206~238.

37) L. Fisher, Constitutional Conflicts between Congress and the President (Princeton Univ. Press, N.J. 1985).

38) D. Robinson, Reforming American Government (Westview, 1985).

법의 문제점과 개선방향을 연구하기 위하여 조직된 민간연구단체인 '헌법제도연구회'(The Committee on the Constitutional System)가 관련 논문과 평론을 모아 놓은 것이다. '헌법제도연구회'는 전·현직 상·하원의원, 전직 장관 및 백악관 고위보좌관, 지사, 학자, 변호사, 노동계 및 비즈니스계의 저명인사 등 약 200명으로 구성되어 있고 캔저스 주 출신 공화당 상원의원 낸시 카세바움과 케네디 행정부에서 재무장관을 지낸 로이드 커틀러가 공동의장을 맡았다.

현재의 미국의 정부구조가 안고 있는 문제점의 개선방향은 로이드 커틀러가 〈포린 어페어스〉 1980년 가을호에 기고한 '정부 만들기'(To Form a Government)[39]에 적절히 제시되어 있다. 이 논문에서 당시 카터 대통령의 법률고문이던 로이드 커틀러는 "유럽의 의원내각제 국가에서는 선거에 승리한 정당의 지도자가 정부를 구성('form a government')하고 입법과 행정의 모든 분야에 걸쳐 지도력을 행사하는 데 비하여 권력분립 원칙에 입각해 있는 미국에서는 권력이 분산되어서 책임성이 약화되었으며, 이로 인해서 정책의 구현을 어렵기 때문에 200년 전의 덕목이었던 '권력분립의 원칙'은 재고되어야 한다"고 주장하였다. 커틀러는 "'정부를 구성'하는 의원내각제적 관념을 도입해서 선거에서 승리한 다수당이 전체적인 정책 프로그램을 실시하고 그 성패에 대하여 책임을 지는 제도가 바람직하다"면서, 그 이유로 다음 세 가지를 들었다.

첫째, 정부가 다루어야 할 문제에 대해 합의를 모으기가 갈수록 어려워지기 때문에 서로 대립하는 이익과 목표를 교량(較量)

39) D. Robinson, op. cit., pp. 11~24.

하는 정부의 역할이 중요한데, 권력분산형 정부구조로 이런 기능을 하기가 불가능하다는 것이다. 둘째, 세계는 좁아져서 외국에서 발생하는 상황은 미국의 국익에 직접적으로 영향을 미치기 때문에 이에 신속하게 대처해야 하는데, 행정부는 대외정책을 결정할 때 항상 의회의 승인을 고려해야 하기 때문에 대응이 취약하다는 것이다. 셋째, 의회와 행정부와의 관계가 변했고 정당은 지도자가 없는 조직이 되어 버렸으며, 의회도 지도자 부재 현상을 보이고 있어 정책형성이 지연되거나 혼란을 겪고 있다는 것이다. 결론적으로, 로이드 커틀러는 "행정부와 의회 사이의 분리를 덜 시키는 방향으로 제도적 개혁이 이루어져야 한다"고 주장하였다.

(2) 의원내각제와 정당 정부의 도입

C. 더글라스 딜런은 1982년에 터프츠 대학교에서 '모던 거버넌스의 도전'(The Challenge of Modern Governance)[40]이라는 강연을 했는데, 로이드 커틀러와 유사한 의견을 담고 있다. "권력분립형 헌법구조는 200년 전에는 타당한 선택이었더라도 현대에서는 문제가 많으며, 따라서 '의원내각제 민주주의의 어떠한 형태'(some form of parliamentary democracy)가 대안이 될 수 있다"고 하였다. 미국의 정부구조가 갖고 있는 취약점은 행정부와 집행부의 분리를 제거하거나 대폭 감소함으로써 해결할 수 있다는 것이다.

케빈 필립스도 1980년에 발표한 '미국 의회'(An American

40) Ibid., pp. 24~29.

Parliament)[41]란 논문을 통해서 의원내각제적 요소를 도입하여야만 현재와 같은 교착상태를 타파할 수 있다고 주장했다. 특히 흥미있는 것은 그가 들고 있는 소련학자의 평가이다. 1979년에 소련의 미국 연구가인 유르디 니포르코는 "미국의 부르조아 정부 구조에서 갈등이 갈수록 증가"하고 있는데 "미국에서 공화당 대통령이 민주당 지배하의 의회와 대립하는 것이 소련의 국익에 가장 유리하며, 그 다음은 민주당 대통령과 공화당 지배하의 의회가 유리하며, 한 정당이 백악관과 의회 다수석을 모두 장악하는 상황은 소련에 가장 불리하다"고 발표했다는 것이다.

'분리된 정부'에 상대되는 개념은 대통령이 속한 정당이 의회의 다수석을 장악하는 '정당 정부'(party government)라고 하겠다. 모든 의원내각제 국가는 성질상 당연히 '정당 정부'를 갖고 있는데 비해, '견제와 균형'이란 권력분립제를 취하고 있는 미국은 '분리된 정부'란 시련을 겪고 있는 것이다.

로이드 커틀러가 적절히 지적하듯이, 오늘날 미국의 정당은 각각의 후보자가 지명을 획득하고 선거에 승리하기 위하여 이용하는 수동적인 메카니즘이 되고 말았다. 과거에는 정당의 보스들이 후보자를 지명하는 등 강력한 권한을 가졌으나 1960년대에 들어서서는 예비선거와 대의원 제도의 개선으로 보스 정치는 설 땅을 잃어버렸다. 당선된 의원들은 정당에의 충성심은 거의 없고 단지 자신의 지역구민 또는 자신을 밀어주는 로비단체만을 의식하게 되고, 전체의 이익을 생각하는 행정부 정책보다는 자신에 특유한 이익단체를 옹호하는 경향을 강하게 띠게 되었다. 따라서 로이드 커틀러는 "'정당 정부'를 재건하여 '분리된 정부'

41) Ibid., pp. 191~198.

의 취약성을 대체하여야 한다"고 주장했다.

로이드 커틀러가 제시한 구체적 방안으로는 다음이 있다. 첫째, 정당의 강령을 개정하여 대통령 후보 지명대회에 그 정당 소속의 상·하원의원 후보자와 현직 의원을 당연직 대의원으로 참석하게 하여 대통령 후보 선출에 있어 의원의 역할을 증대시키며, 둘째, 선거비용관계법을 개정하여 의원 선거에도 기금을 창설하고 이 기금은 정당에 배분하되 정당은 이 자금의 반 이상을 소속당 후보에게 재량껏 적절히 배분하도록 하여 정당의 역할을 증대시키고, 후보들은 개별적 이익집단의 헌금에 덜 의존하도록 하며, 셋째, 대통령 선거가 있은 후 2~4주 후에 의원 선거를 하도록 해서 유권자들이 차기 대통령직이 어느 정당에 돌아갔는지를 알고 난 후 의원을 선출하도록 하자는 것이다. 이러한 제안은 헌법개정을 요하지도 않으며 비교적 간단히 이루어질 수 있다. 하지만 세 번째 방안은 오히려 '분리된 정부'를 조장할 가능성이 있다고 보기도 하는데,[42] 이에 대하여 로이드 커틀러는 1981년 프랑스 선거에서 미테랑이 대통령에 당선된 것을 알고서 유권자들이 사회당 의원을 많이 뽑아서 사회당을 의회 다수당으로 만든 것을 들어 반박했다.[43]

이외에도 로이드 커틀러는 헌법개정이 필요한 몇 가지 방안을 제시하고 있다. 첫째, 하원의원 임기를 4년으로 하고, 가능하다면 상원의원 임기는 8년으로 하여 대통령 임기와 같이 하도록 하는 것이다. 이는 2년마다의 잦은 선거의 폐단을 없애자는 것

42) J. Sundquist, op. cit., p. 96.

43) 1986년 프랑스 총선에서는 우파가 승리하여 좌파 대통령과 우파 내각의 불안한 동거형 이원집행부 정부가 되었기 때문에 프랑스의 예는 더 이상 적절치 못하다.

으로 린든 존슨 대통령도 이를 제안한 적이 있었다. 둘째, 대통령이 의원을 장관으로 기용할 수 있도록 하고 이 경우 의원직을 보유하도록 하며, 셋째, 입법적 거부를 헌법제도로 도입하고 조약체결의 비준동의에 대한 상원 재석의원의 2/3 정족수를 상·하원 각각 과반수 찬성으로 개정하고, 넷째, 법률안의 항목별 거부권(line- item veto)을 인정하되 이 경우는 상·하원의 단순 과반수로 재가결될 수 있도록 하자는 것이다.[44]

(3) 대통령의 임기

미국 대통령의 임기는 4년이며 1차 중임이 허용된다. 따라서 대통령은 임기의 첫해만 지나면 선거의 압력을 받는 의회와 협조가 불가능해지며, 2년이 지나면 자신의 재선운동에 돌입하지 않을 수 없다. 이에 대한 대안으로 제시되는 것은 6년 단임 대통령이다. 대통령을 재선 압력으로부터 해방시켜 국정에 전념하도록 하되 4년 임기는 너무 짧기 때문에 6년으로 하자는 것이다. 대통령의 임기가 6년이 되면 상원의원의 임기는 6년 그리고 하원의원의 임기는 3년이 될 것인바, 이를 흔히 '6-6-3 플랜'(Six-Six-Three Plan)이라고 통칭한다. 아이젠하워 대통령, 존슨 대통령, 그리고 카터 대통령도 이 안을 지지한 바 있으며, 밀튼 아이젠하워, 윌리엄 사이먼, 사이러스 밴스, 그리핀 벨 등이 조직한 '6년 단임 대통령을 위한 위원회'가 강력히 지지하고 있다.[45]

6년 단임 대통령제의 논거는 대략 다음 세 가지를 들 수 있

44) D. Robinson, op. cit., pp. 104~105.

45) Ibid., p. 109.

다.[46] 첫째, 재선을 준비하는 과정에서 대통령이 너무나 많은 시간과 에너지를 쏟기 때문에 본연의 정책과 행정에 소홀해 진다는 것이다. 린든 존슨 대통령의 보좌관을 지낸 잭 발렌티는 "대통령은 그가 당선된 후 20분 후부터 재선전략을 짜게 마련"이라고 하였으며, 존슨 대통령 자신도 "대통령이 자신의 직무와 선거운동을 병행할 수 있다는 가설은 더 이상 유효하지 않다"고 은퇴 후에 회고록에서 밝혔다.

1970년대에 들어서서 예비선거가 광범하게 행하여지게 됨에 따라서 대통령은 자기 당의 후보로 지명되기 위해서 치열한 선거운동을 벌이지 않을 수 없게 되어 이런 현상은 더욱 심화되었다. 1976년 선거에서 제럴드 포드 대통령은 로널드 레이건과의 공화당 후보 지명전에서 승리하기 위하여 그해 2월부터 6월 사이에 42일간에 걸쳐 21개 주에서 유세를 했다. 1980년 선거에서 카터 대통령은 초반에 에드워드 케네디 의원의 도전을 받았으나 테헤란 대사관 인질사태 때문에 백악관에 머무르는 수밖에 없었다. 어느 경우에나 11월 선거에 대비하여 2개월 동안 현직 대통령은 본업을 뒤로 하고 선거전에 파묻히게 된다. 선거가 있는 해에 대통령이 본연의 직무를 젖혀 두고 재선운동에 전력투구하는 것은 문제가 아닐 수 없다.

둘째, 선거를 앞둔 대통령과 측근보좌관들이 권력을 남용할 가능성이 크다는 사실이다. 워터게이트 사건은 극단적인 예로서 당시 공화당 재선위원회는 범법행위마저 저질렀다. 이렇게까지는 아니더라도 상당수 대통령은 경제를 장기적으로 건전한 방향으로 운용하기 보다는 선거가 있는 해에 경제적 번영을 가져오

46) J. Sundquist, op. cit., pp. 122~125.

도록 경제운용을 조작하기도 했다. 심지어 대외정책도 선거를 의식하고 조작하였는데, 리처드 닉슨은 은퇴 후에 쓴 회고록에서 "1972년의 베이징과 모스크바 방문은 재선을 의식하고 한 것이며, 당시 자신은 일종의 자기도취에 빠져있었다"고 고백하고, "대외정책 수행에 있어서 자기도취는 매우 위험한 것"이라고 말했다.

셋째, 재선을 의식하지 않는 대통령은 재선 포기를 선언한 의원처럼 보다 용감하고 소신있게 정책을 수행할 수 있다는 것이다. 1979년 당시 니카라과와 이란에서 대외정책의 좌절을 경험한 카터 대통령은 재선 압력을 받는 대통령은 행동반경이 제한된다면서 6년 단임 대통령은 국민과 의회로부터 보다 많은 신뢰를 얻게 될 것이라고 말했다.

6년 단임 대통령에 대한 반대논거도 역시 강력한데, 대략 세 가지로 볼 수 있다.47)

첫째, 재선에 나서지 않는 대통령은 그 자체가 '레임 덕'(lame duck)이며 따라서 영향력이 줄어든다는 것이다. 따라서, 카터의 기대와는 달리 재선에 나서지 않는 대통령은 의회의 자기 소속당 의원에 대한 영향력마저 상실하기 때문에 의회에 대한 지도력은 실추하며 권력분립하의 정부구조 하에서 의회의 협조를 구하지 못하는 대통령은 실패하기 마련이라는 것이다.

둘째, 재선에 나서지 않는 대통령이 당파적 색채를 띠지 않을 것이라는 전제도 가설에 불과하며, 과거 경험은 오히려 그와는 정반대라는 것이다. 1908년 선거에 두 번째 임기 중인 시어도어 루스벨트는 하워드 태프트를 위하여 선거운동을 하였고, 우

47) Ibid., pp. 125~133.

드로 윌슨도 두 번째 임기 중의 중간선거에서 민주당 후보들을 위하여 정력적으로 유세하였으며, 1952년 선거 중 트루먼 대통령은 민주당 후보인 애들라이 스티븐슨의 당선을 위하여 26일간에 걸쳐 27개 주를 순회하였다. 아이젠하워 대통령이 1960년 선거에서 리처드 닉슨을 지원한 정도는 트루먼에 비한다면 소극적이지만 1956년의 자신의 재선운동에 못지않은 지원을 하였다. 두 번째 임기 중의 닉슨은 민주당 지배하의 의회를 적대시하여 사사건건 충돌하였지만 중간선거가 있기 전에 사임하였다.

셋째, 위와 같은 반론에도 불구하고 6년 단임 대통령이 대통령의 위망과 신뢰 및 영향력의 극대화를 가져올 것이라고 하더라도 6년 단임 대통령은 현재 미국민이 향유하고 있는 중요한 권리를 박탈하는 결과를 초래한다. 6년 단임제를 도입하면 성공적인 대통령을 8년 동안 선출할 수 있는 권리, 실패한 대통령을 4년 만에 퇴출시킬 수 있는 권리, 그리고 재선 압력으로 여론을 대통령의 정책에 반영시킬 수 있는 국민의 권리가 상실된다는 것이다.

많은 훌륭한 대통령(조지 워싱턴, 토머스 제퍼슨, 제임스 매디슨, 제임스 먼로, 앤드루 잭슨, 에이브러햄 링컨, 시어도어 루스벨트, 우드로 윌슨, 프랭클린 루스벨트 등)은 재선되었으며 이들 대부분은 마지막 2년까지 대통령직을 훌륭하게 해 냈다. 반면에 재선을 시도하였으나 실패한 단임 대통령(존 애덤스, 존 퀸시 애덤스, 마틴 밴뷰런, 존 타일러, 밀러드 필모어, 프랭클린 피어스, 앤드루 존슨, 체스터 아서, 벤자민 해리슨, 하워드 태프트, 허버트 후버, 제럴드 포드, 그리고 지미 카터)중에 임기가 2년 연장되었다고 하여 보다 훌륭한 대통령이 되었을 사람은 거의 없다. 탄핵심판을 당하였던 앤드루 존슨이나 대공황에 속수무책이었던 허버트 후버의 임기가 2년이나 더 있었다고 생각하는 것은 일종의 악몽이다. 무능하고 비정상적인 대통령에게 6년 임기를 보장하는 것은 위험하기 때문에 6년 단임 대통령은 결코 간단한 대안이 아니라는 것이다.

(4) 실패한 대통령 교체

워터게이트 사건이 남긴 또 다른 과제는 '실패한 대통령'을 교체하는 문제이다. 의원내각제 국가에서는 불신임으로 총리를 해임하거나 총리가 의회를 해산하고 총선을 행함으로서 이런 문제는 쉽게 해결이 된다. 반면 임기가 보장되는 대통령제는 탄핵이 유일한 방안인데, 대통령 탄핵은 이미 '과거의 유물'일 뿐이다.[48] 따라서 대통령을 퇴출시킬 수 있는 방법을 헌법을 개정해서라도 도입할 필요가 있다고 주장된다.[49]

1974년 8월, 닉슨이 사임한 후에 헨리 로이스 하원의원은 대통령에 대한 불신임 제도를 도입하는 헌법 수정안을 하원에 제출한 바 있었다. 이 수정안은 상당한 주목을 끌었는데 그 골자는 다음과 같았다. 대통령이 국민과 의회의 신뢰를 상실했다고 판단되는 경우에 상·하원은 각기 재적 60% 이상의 찬성으로 불신임(non-confidence)을 의결할 수 있고, 불신임이 의결되면 대통령은 그 직위에 머물러 있되 그 후 90일~110일 내에 대통령과 부통령, 그리고 상·하원 의원 전체를 개선하는 총선을 실

48) Linde, The Inadequacy of Impeachment (1975), in D. Robinson (ed.), op. cit., pp. 209~215.

49) J. Sundquist, The Case for an Easier Method to Remove Presidents (1975), in D. Robinson (ed.), op. cit., pp. 227~235.

시하여 그 결과에 따라서 새로이 의회와 행정부를 구성하자는 것이다.[50]

이에 대해 영국의 헌법과 정치를 깊이 연구한 새무엘 비어 교수는 로이스 의원의 안이 정부 불안을 가져올 가능성이 있으며, 영국의 경험에서 보더라도 불신임은 의회해산을 수반하기 때문에 의원들에게 오히려 부담을 주며, 1923년 이후에는 영국에서 불신임이 성공한 적이 없다고 반박했다. 새무엘 비어 교수는 닉슨에 대한 탄핵절차는 순탄하게 진행되었기 때문에 현행제도를 바꿀 필요가 없다고 보았다.[51] 반면 제임스 선드퀴스트 교수는 실패한 행정부를 교체하기 위한 특별선거를 도입하는 방법이 강구되어야 한다고 주장했다.[52]

---

50) Reuss, A Congressional Vote of Non Confidence (1975), in D. Robinson (ed.), op. cit., pp. 206~208.

51) Beer, The British Experience, in D. Robinson (ed.), pp. 215~221.

52) J. Sundquist, op. cit., p. 164.

Ⅳ. 평가와 전망

1. 개혁론에 대한 반론

로이트 거틀러를 위시한 몇몇 개혁론자들의 주장은 충분한 논거가 있지만 현재 미국이 겪고 있는 많은 문제는 정부구조나 헌법체제에서 비롯된 것은 아니라는 반론도 있다. 케네디 대통령의 특별보좌관을 지낸 바 있는 아서 M. 슐레진저 2세가 1982년에 월스트리트저널에 발표한 칼럼53)이 대표적이다.

슐레진저 2세의 요지는 다음과 같다. 로이드 커틀러나 C. 더글라스 딜런과 같은 개혁론자들은 미국 헌법이 근거하고 있는 권력분립의 원칙을 완화하고 의원내각제적 요소를 도입하자고 주장하는데, 이는 정작 의원내각제를 운영하고 있는 나라의 현실을 이해하지 못한 것이다. 의원내각제에서 의회는 내각이 요청하는 대로 움직이는데 이는 장점이 아니라 단점이며, 영국의 경험은 의회에 의한 내각불신임이란 100년에 2~3번 정도 사용될까 말까하는 제도가 되고 말았음을 간과하고 있다.

1931년에 이미 로이드 조지는 "의회가 내각을 통제한다는 것은 전적으로 허구"라고 말했고, 영국 의회(Parliament)에 비하여 미국 의회(Congress)는 훨씬 더 독자적이고 다양한 견해를 반영하고 있다. 영국과 같은 정부체제하에서는 워터게이트 사건

---

53) A. Schlesinger, Leave the Constitution Alone (1982), in D. Robinson (ed.), op. cit., pp. 50~54.

은 결코 밝혀지지 못하였을 것이다. 영국 하원의원을 지낸 우드로 와이어트는 "워터게이트가 영국에서 발생하지 않는다고는 할 수 없다. 다만 영국에서는 이것이 드러나지 않을 뿐이다"라고 말했다. 영국에서는 오히려 의회와 내각간의 권력 분립화를 원하는 개혁론이 대두되고 있으며, 의회 임기 도중에 민의를 시험할 수 있는 중간선거를 축복받은 제도로 보고 있다. 따라서 의원내각제의 피상적인 덕목 보다는 의원내각제를 운영하고 있는 국가의 경험이 고려되어야 하며, 의원내각제 정부의 필수요건인 강력한 중앙통제적인 정당은 미국 정부의 기본적인 가치에 배치된다.

결론적으로 슐레진저 2세는 "미국이 현재 갖고 있는 문제는 무엇을 할 것인지 또는 어떠한 정책이 필요한 것인지를 모르는 데서 비롯된 것이지 결코 헌법구조에서 초래한 것은 아니다"고 지적했다. 그에 의하면, "미국 헌법은 미국에 충실히 봉사하여 왔으며, 따라서 헌법개혁론은 일종의 도피론(escapism)"이라는 것이다.

2. 전망 : 개혁의 곤란성

개혁론이 타당하고 또한 충분한 공감을 얻고 있다고 하더라도 실제로 개혁이 이루어지기는 어렵다. 위에서 제기된 개혁론의 많은 부분은 헌법 개정을 요구하는데 헌법 개정절차는 극히 어렵다. 헌법 개정안은 상·하원을 각기 2/3이상으로 통과하여야 하며 전체 50개주의 3/4 이상의 인준을 받아야 한다. 게다가 각 주는 그 인준을 위하여 상·하원의 2/3 이상의 동의와 같은 매우 엄격한 요건을 과하고 있다.

더구나 개혁론 자체가 많은 논란의 소지를 안고 있으며 또한 민주당과 공화당에서 보는 시각도 다르기 때문에 개혁논의를 출발시킬 소지마저 마련되어 있지 않다.[54] 다만 법률 개별조항 거부권 제도(item veto)와 입법적 거부권(legislative veto)을 결부시킨 헌법수정안은 대통령과 의회에 모두 필요한 견제력을 제공하기 때문에 그나마 실현 가능성이 있는 것으로 생각되고 있다.[55]

3. 맺는말

미국 헌법제정 200주년을 맞이하여 제기된 이와 같은 개혁론은 대통령제라는 정부체제가 가져 올 수 있는 문제점을 생생하게 보여 주었다는 점에서도 의미가 깊다. 비록 개혁론이 실제의 개혁을 가져오기는 어렵다 하더라도 문제를 파악하여 제기하고 또한 이에 대한 대안을 제시하는 것 자체가 문제를 널리 인식시키고 또한 그 해결에 이바지 할 수 있는 것이다.

(한국공법학회, 〈한국에서의 미국헌법의 영향과 교훈〉, 1987년)

54) J. Sundquist, op. cit., pp. 242~244.
55) Ibid., p. 250.

제 3 장

미국의 대통령 선거제도

Ⅰ. 대통령 후보 지명

미국의 양대 정당인 민주당과 공화당의 대통령 후보 지명경쟁은 대통령 선거의 첫 단계이다. 이 과정이야말로 오래 걸리고 돈이 많이 드는 볼만한 정치풍경인데, 정당 지도자가 정치과정을 이끌어 가는 서유럽 국가나 일본과 달리 미국의 정치과정이 비중앙화(decentralized)되어 있음을 보여 준다.[1] 이 과정에 관하여 미국 헌법은 아무런 언급이 없기 때문에 전 과정은 정치적 전통과 관행에 맡겨져 있다. 미국 헌법은 대통령 선거에 대해서 "선거인단(Electoral College)이 대통령을 선출한다"고 규정하고 있을 뿐이다.

1) D. James, The Contemporary Presidency (1969), pp. 19~25.

1. 건국 ~ 1828년

미국 헌법은 정당에 관한 조항을 갖고 있지 않다. 초대 대통령 조지 워싱턴이 정당을 위험시하였음은 잘 알려진 일화이다. 조지 워싱턴은 1789년과 1792년의 선거에서 후보 지명 절차를 거치지 않고 선거인단에 의하여 만장일치로 대통령에 선출되었다. 조지 워싱턴은 당파(黨派) 정치의 해악을 경고했지만 그의 행정부에서 정책적인 견해 차이가 발생했고, 토머스 제퍼슨은 국무장관직을 사임하고 고향인 버지니아 샬러츠빌로 돌아갔다. 이리하여 존 애덤스와 알렉산더 해밀턴이 이끄는 연방파(Federalists)와 토머스 제퍼슨이 이끄는 공화파(Republicans)가 대립하는 정당정치가 시작됐다.[2] 공화파는 1792년 선거에서 존 애덤스의 부통령 재선에 반대하였으나 실패했다.

1796년 선거부터 정당정치는 대통령 선거에 직접 영향을 미쳤다. 연방파는 존 애덤스를, 그리고 공화파는 토머스 제퍼슨을 대통령으로 지지하였다. 당시는 각 정파의 의회 간부회의(Congressional Caucus)가 후보를 지명하였으나 반드시 1인만을 후보로 지명할 필요성은 없었다. 1800년 선거에는 양당이 대통령과 부통령을 모두 장악하고자 후보를 각기 2인씩 내기도 했다.

이후 정당은 대통령 후보의 선출에 직접 참가하게 되었는데,

---

2) 연방파는 대체로 뉴욕과 보스턴의 상공업적 이익을 대표하고 있으면서 강력한 중앙정부가 합중국에 필요하다고 믿고 있었으며 다분히 귀족적이며 친영적인 성향을 갖고 있었다. 공화파는 버지니아와 그 남쪽의 농업적 이익(농장주)을 대표하고 있으면서 중앙정부와 주정부의 균형만이 자유로운 합중국을 유지할 것이라고 믿었으며 비교적 평민적이었다.

원내 당간부회의(Congressional Caucus)가 지명을 하였고, 대통령 선거인은 당의 결정을 따랐다. 이러한 관행은 원내 당간부회의가 의회 외부의 인사를 포함할 수 없다는 문제점을 노출하였다.[3)]

당시에 정당은 정치과정에 전면적으로 수용되지 못하였다. 제퍼슨은 원내 당간부회의가 대통령 후보를 지명하는 데 찬성하였지만, 제임스 먼로는 정당을 '저주'(curse)라고 불렀으며 임기 말년에 정당정치의 기운이 갈아 앉은 것을 다행스럽게 생각하였다. 1824년에 정당의 지명을 받지 않고 대통령에 당선된 존 퀸시 애덤스는 모든 사람들이 당파적 이해를 떠나서 국정을 원칙에 의하여 다루자고 취임사에서 호소하였다.[4)]

이와 같이, 1828년까지 미국의 대통령 선거는 제도적으로 다소 불안정하였다. 정당의 역할도 그러하였고, 선거인단의 역할도 그러하였다.

2. 1828년 ~ 1968년

1815년부터 거의 모든 주가 주 헌법을 개정해서 대부분의 백인 성인 남성(white adult male)에게 투표권을 부여하였다. 이렇게 해서 주 의회는 일반대중의 요구에 민감하게 반응하게 되었다. 이러한 기운은 대통령 선거인의 선출방식에도 영향을 미쳤다.

---

3) Nomination and Election of the President and Vice President of the United States, 1984 (U.S. Gov. Printing Office, 1984), pp. 133~134.

4) J. Ceaser, Presidential Selection - Theory and Development (1979), pp. 112~114.

테네시 주 출신의 평민이며 군인 출신인 앤드루 잭슨의 등장은 미국에 새로운 민주주의 시대가 도래했음을 알리는 신호였다. 잭슨을 추종하는 세력('잭슨주의자')은 정당의 당내 간부회의가 대통령 후보를 지명하는 것을 비민주적으로 생각하였다. 1828년 대통령 선거에서 앤드루 잭슨이 당선됨에 따라 미국의 헌법과 정치에 새로운 장이 열렸다. 이른바 '잭슨 민주주의'(Jacksonian Democracy)가 대두한 것이다.

대통령에 당선된 잭슨과 그를 추종하는 '잭슨 민주당원'들은 정당의 전당대회(Convention)에서 대통령 후보를 지명하도록 제도를 바꾸어서 1832년 선거부터 민주당 전당대회가 시작되었다. 따라서 대통령 후보를 지명하던 원내 당간부회의는 사라져 버렸다.[5] 이는 잭슨의 대중민주주의 신념과 부통령이던 마틴 밴 뷰런의 정당정치주의가 결합된 결과였다. 1936년 민주당 전당대회에서 대의원들은 밴 뷰런을 대통령 후보로 지명하였고, 밴 뷰런은 대통령에 무난히 당선되었다. 1840년부터는 다른 정당도 전당대회를 개최하여 대통령 후보를 지명하게 되었고, 이 관행은 오늘날에 이르고 있다.[6]

3. 1968년 ~ 현재

이와 같이 1832년~1840년부터 각 정당은 전당대회를 통하여 대통령 후보를 선출하게 되었다. 이는 원내 당간부회의가 후보를 지명하는 것보다는 민주적이었다. 문제는 대의원을 어떻게

---

5) A. Kelly and W. Harbison, The American Constitution - Its Origin and Development (4th Ed., 1971), pp. 325~329.

6) J. Caeser, op. cit., pp. 123~169.

뽑는가 하는데 있었다.

1960년대까지 전당대회에 참가하는 대의원은 각 주의 정당(state party)이 선출했다. 대의원 선출방법은 각 주의 주법, 그리고 주법이 없는 경우는 당의 강령(party rules)에 의하여 결정되었다. 주마다 대의원 선출방법은 각기 달랐다. 문제는 주(州) 정당이 그 지역의 보스나 그 보스가 지배하는 정치조직(political machine)에 의하여 좌우되어 왔다는 점이다. 주 정당은 실력자에 좌우되어 일반국민이나 일반당원의 의사는 반영되지 못하는 비민주적 결과를 초래했다. 대통령 후보는 담배연기 자욱한 뒷방에서 보스들에 의하여 결정되고, 전당대회라는 정치 쇼에서 형식적 인준을 받는 것이 아니냐는 의문과 비난이 제기되었다.

1968년부터 민주·공화 양당은 대의원 선출 절차(delegate selection procedure)를 개혁하는 작업을 시작하였다. 민주당이 앞장선 이러한 개혁 무드는 특히 소수인종, 젊은 층, 여성을 전당대회에 대표시키고자 하였다. 민주당 전국위원회(Democratic National Committee)는 맥거번 - 프레이저 위원회(McGovern-Fraser Committee)의 보고에 따라서 '개방형 체제'(open system) 즉, 모든 민주당원이 대통령 후보 지명에 참여하도록 보장하는 당내규칙을 채택하였고 각 주의 민주당은 이 규칙에 합치하는 방법으로 대의원을 선출하도록 하였다. 1972년, 마이애미 비치에서 열린 민주당 전당대회는 새로운 규칙에 의하여 선발된 대의원들이 대거 참석하였는데, 미국 역사상 젊은이들과 여성 그리고 흑인이 가장 많이 대의원으로 참가했다. 전당대회는 진보적 성향의 조지 맥거번을 대통령 후보로 지명해서 미국 정치사에 새로운 장(章)을 열었다.

1972년에는 일리노이 주 민주당이 선발한 대의원이 민주당 전국위원회에 의하여 대의원 자격을 부인당한 사건이 발생해서 결국 소송으로 발전했는데, 연방대법원은 민주당 전국위원회의 결정을 지지했다.[7] 1972년에 공화당도 민주당과 유사한 제도를 채택하여 1976년 전당대회부터 적용하기로 결의하였다.

그 후 민주당 전국위원회는 대의원 선출 규칙을 보완하였다. 1975년에는 위노그래드위원회의 보고에 따라서 대의원 선출기간을 3개월로 단축하고 대의원 총수를 10% 증가시켰으며, '개방형 교차투표형 예비선거'(open, cross primary)를 금지시켰다.[8] 1982년에도 이 규칙은 개정되었는데, 헌트위원회의 보고

---

7) Cousins v. Wigoda, 419 U.S. 477 (1975). 사안은 다음과 같다. 일리노이 주 민주당은 1972년 3월에 주법에 의하여 전당대회에 위고다 등 시카고 시장 리차드 데일리 파벌 소속 인물들을 대의원으로 선출하였다. 그러자 데일리에 반대하는 커진스 등 일리노이 주 민주당 내의 진보파는 마이애미 비치에서의 전당대회에서 위고다 등이 당규에 위반하여 선출되었다고 주장하였고, 이에 민주당 전국위원회는 커진스 등의 주장을 받아들여서 위고다 등의 대의원 자격을 박탈하고 커진스 등을 대의원으로 인정하였다. 위고다 등은 일리노이 주법원에 제소하였고 일리노이 주 법원은 커진스 등이 대의원으로 활동할 수 없다고 판시하고 금지영장을 발부하였다. 민주당 전국위원회는 이를 무시하였고 커진스 등은 전당대회에서 일리노이 주의 대의원으로 끝까지 참가하였다. 이 사건은 연방대법원에 상고되었는데, 대법원을 대표한 브레넌 대법관은 민주당 전국위원회의 결사의 권리(rights to association)는 주(州)의 이익보다 우월하다고 판시해서, 민주당 전국위원회와 커진스를 지지하였다.

8) '오픈 프라이머리'(open primary)란 사전에 소속 정당을 밝히지 않고 유권자가 예비선거에 참여할 수 있게 하는 제도이다. 이에 의하면, 민주당원이 아니라도 또는, 심지어는 공화당원이라도 민주당의 예비선거에 참여할 수 있다. 민주당 전국위원회는 이러한 제도가 선거과정을 파괴할 것을 우려했던 것이다. 당시 위스콘신 주를 위시한 몇 개 주가 주법으로 오픈 프라이머리를 채택하고 있었기 때문에 이들 주법은 민주당 전국위원회가 채택한 새로운 규칙과 충돌하였다. 위스콘신 주는 자기 주의 오픈 프라이머리 제도를

2008년 미국 공화당 대통령 후보 지명 전당대회

에 따라서 예비선거(primary)와 대의원 지명대회(state party caucus)의 기간을 단축하고 의원도 대의원으로 참가할 수 있도록 하였다.9)

전당대회에 참석할 대의원을 어떻게 선출하느냐는 기본적으로 각 주가 결정할 사항이다. 예비선거는 정당원의 일반선거로 대의원을 선출하도록 하여 주 정당의 보스들의 횡포를 배제하려고 고안된 제도이다. 예비선거제는 1902년에 위스콘신 주가 이를

고수하려고 주 법원에 민주당을 상대로 제소하였는데, 주 대법원은 주 정부를 지지하였다. 이에 민주당 전국위원회는 연방대법원에 상고하였는데, 연방대법원은 "공정한 선거를 이룩하고자 하는 위스콘신 주의 이익이 민주당 전국위원회의 새로운 규칙에 의하여 침해된다고 볼 수는 없다"는 이유를 들어서 원심을 파기하고 민주당 전국위원회를 지지하였다. Democratic Party v. Wisconsin ex rel. la Follette, 450 U.S. 107 (1981).

9) Nomination and Election of the President and Vice-President of the United States (1984), pp. 134~136.

처음으로 전면적으로 실시했으며, 1916년에는 26개 주가 예비선거를 시행하게 되었다. 그 숫자는 다시 줄어들어서 1968년에는 단지 16개 주와 워싱턴 D.C.가 예비선거를 시행했다. 1980년에는 35개 주와 워싱턴 D.C.가 예비선거 제도를 채택하여 전당대회의 대의원 총수의 약 70%를 예비선거로 선출하였다. 1984년 선거에는 28개 주와 워싱턴 D.C.가 예비선거를 실시했는데, 주법이 예비선거를 법정화하면 양당은 따라야 하며, 주법 규정이 없으면 주 정당이 자발적으로 결정할 수 있다. 예비선거를 치르지 않는 주에선 정당의 대의원 선출이 주 전당대회(state party convention) 또는 대의원 지명대회(delegate selection caucus)에서 이루어진다.[10]

10) Ibid., pp. 136~137.

Ⅱ. 선거인단 제도

선거인단(Electoral College) 제도는 헌법에 규정된 제도이다. 하지만 선거인단은 허수아비 제도로 전락해서 실질적 영향력이 전혀 없고 오히려 헌법이 예상하지 않았던 정당이 대통령 선거에서 중요한 역할을 하고 있다.

1. 선거인단 제도의 유래

1787년에 열린 헌법제정회의에서는 새로 탄생할 합중국(合衆國) 대통령의 성격을 두고서 견해가 대립하였다. 존 딕슨, 로저 셔먼, 루터 마틴 등은 "대통령이 의회의 의사를 대변해야 한다"고 생각했으나, 제임스 윌슨, 제임스 매디슨, 알렉산더 해밀턴 등은 "대통령이 합중국을 대표하는 강력하고도 독자적인 집행부(powerful, independent executive)의 수장(chief)이 되어야 한다"고 생각했다. 이 같은 견해의 차이는 대통령을 선출하는 방식을 두고서 의견 대립을 가져왔다. 전자의 견해를 대변하는 에드먼드 랜돌프는 의회가 대통령을 선출하자고 주장하였고, 후자의 견해를 대변하는 제임스 윌슨은 국민의 직접선거(direct election)로 대통령을 선출하자고 주장했다. 헌법제정 과정에서 중요한 역할을 했던 제임스 매디슨은 "의회가 선출한 대통령은 부패하고 무능할 것이며, 자유정부는 입법·행정·사법의 3권이 서로 독립할 것을 요구한다"면서, 의회가 대통령을 선출하는데 반대하였다.

제임스 매디슨의 주장은 많은 공감을 일으켰지만, 당시 헌법회의에 참석하였던 많은 대의원들은 제임스 윌슨이 주장한 직선제에도 찬성하지 않았다. 대의원들 대부분이 재산가이며 식자층이었던 탓으로 대통령을 일반대중이 직접 선출한다는 발상은 위험스럽게 여겨졌다. 이 무렵 타협안으로 등장한 것이 선거인단 제도이다.

헌법회의가 거의 끝나갈 무렵인 8월 말에 대통령은 선거인단(Electoral College)을 통하여 선출하기로 의견이 모아졌다. 선거인(elector)은 각주에서 재량껏 선출하도록 합의를 보았는데, 중앙정부 보다 주가 포괄적인 권한을 가져야 한다는 주권(州權)주의자들의 주장이 반영된 것이다.

대통령 선거에 대한 헌법회의의 최초안은 선거인단 투표에서 과반수를 얻은 후보가 대통령으로 선출되며, 과반수 득표자가 없는 경우에는 최고득표자 5인 중에서 상원이 대통령을 선출하도록 되어 있었다. 이는 의회를 통해서 대통령을 선출하자고 주장하는 대의원들에 대한 배려였다.

당시에는 후보자가 난립할 것으로 예상되었기 때문에 결국 상원이 대통령을 선출할 가능성이 많다고 생각되었다. 하지만 상당수 대의원들은 귀족적인 상원이 대통령을 선출하는 데 대해 반대하고, 인구에 비례해서 구성된 하원이 그런 경우에 대통령을 선출하여야 한다고 주장하였다. 하원이 대통령을 선출하도록 하자는 주장에는 작은 주 출신의 대의원들이 반대했는데, 이들은 뉴욕 같은 큰 주 출신의 하원의원들이 하원의 다수석을 쉽게 장악하여 대통령 선거를 좌우할 것으로 생각하였다. 이런 상반된 의견 대립 끝에 어느 누구도 선거인단의 과반수를 얻지 못하면 하원이 대통령을 선출하되, 이 경우에 모든 주가 동일하게 1표씩 행사하도록 하는 방안이 최종적으로 채택되었다.11)

2. 선거인 선출

미국 헌법 제2조 1항 2목은 "각주는 그 주 출신의 합중국 상원의원과 하원의원의 숫자와 동일한 수의 선거인(elector)을 그 주 의회가 결정하는 방법에 따라서 지명한다. 그러나 상·하원의원 및 합중국의 공무원은 선거인으로 선출될 수 없다"고 규정한다.

이에 따라 오늘날 50개주는 총 535명의 선거인을 선출하게 된다. 이 숫자는 상원의원 100명과 하원의원 435명의 합계이다. 따라서 인구가 많아서 하원의원을 많이 선출하는 주는 선거인단도 많이 선출한다. 1984년 기준으로 뉴욕은 36명, 캘리포니아는 47명, 텍사스는 29명, 펜실베이니아는 25명, 일리노이는 24명의 선거인을 선출하며, 인구가 적어서 하원의원을 오직 1명만 선출하는 알래스카, 와이오밍, 노스다코다, 버몬트 및 델라웨어는 단지 3명의 선거인을 각각 선출하게 된다.12) 1961년에 통과된 헌법 수정 23조는 워싱턴 D.C.로 하여금 가장 인구가 적은 주가 선출하는 선거인 숫자를 초과하지 않는 한도 내에서 워싱턴 D.C.가 주이었다면 선출할 수 있는 상·하원의원의 숫자만큼의 선거인을 선출할 수 있게 하였다. 따라서 워싱턴

11) A. Kelly and W. Harbison, supra note 5, pp. 132~136; J. Ceaser, supra note 4, pp. 41~87.

12) 이는 1984년의 선거인단의 현황이다. 하원의원 선거 때 하원의원의 지역구는 인구변동을 고려하여 조정된다.

D.C.는 현재 3명의 선거인을 선출하게 되고, 이에 따라 선거인 총수는 538명이 된다.

인구 변동에 따라 각주가 선출하는 하원의원 숫자가 변하는 것과 마찬가지로 선거인 숫자도 변한다. 2008년 선거에서 뉴욕은 31명, 캘리포니아는 55명, 텍사스는 34명, 펜실베이니아는 21명, 일리노이는 21명을 선출했고, 알래스카, 와이오밍, 노스타코다, 버몬트 및 델라웨어는 각 3명을 선출했다. 지난 30여년 동안 텍사스, 플로리다, 조지아 등 남부 주가 인구가 늘어서 선거인 숫자를 늘렸고, 북동부와 중서부 주는 선거인 숫자를 잃어 버렸다. .

헌법은 선거인을 뽑는 방법을 주의회에 위임하고 있다.[13] 주는 주 의회가 지정하는 방법에 따라 선거인을 지명한다. 19세기 전반까지는 선거인을 뽑는 방법은 주마다 다양했다. 주의회에서 선출하기도 하였고, 선거구를 구획하여 그 선거구의 일반유권자가 1인씩 뽑기도 했고, 주 전체를 하나의 선거구로 하여 일반유권자가 일괄선출하기도 했다. 앤드루 잭슨 대통령 시대부터 일반투표에 의한 선거인 선출이 정착되어서 남북전쟁 후에는 주를 하나의 선거구로 하여 그 주에서 선출할 수 있는 숫자의 선거인을 주민들이 일괄적으로 직선하는 방식으로 통일되었다.

전당대회에 의한 후보자 지명이 정착됨에 따라 선거인은 일반유권자의 투표 결과를 그대로 반영하게 되자 일반유권자는 선거인 후보에 투표하는 것이 아니라 그 선거인이 충성을 서약한 대통령 후보에 투표하는 것으로 인식하게 되었다. 1984년 선거의

13) 이 원칙은 몇몇 판결에 의하여도 확인된 바 있다. McPherson v. Blacker, 146 U.S. 1 (1902); Gray v. State of Mississippi, 233 F. Supp. 139 (1964).

경우 일반유권자의 투표용지에 대통령 후보의 이름(예: 공화당 후보 레이건, 민주당 후보 몬데일)이 나와 있고 유권자들은 직접 이에 기표하였으나, 엄격히 이야기한다면 일반유권자들은 레이건이나 몬데일에 투표한 것이 아니라 레이건이나 몬데일에 표를 던질 선거인들에 투표한 것이다.[14]

선거인을 선출하는 방법은 각 주에 위임되어 있지만 그 시기는 의회가 결정한다. 헌법 제2조 1항 4목은 "의회가 선거인을 선출하는 선거일과 선거인이 대통령을 선출하는 선거일을 결정하며 이 선거일은 전국적으로 통일되어야 한다"고 규정한다. 의회는 1792년 3월 1일에 법률을 통과시켜서 선거인을 선출하는 선거는 매4년 11월의 첫째 월요일의 바로 다음 화요일에 실시하도록 하였다. 이날이 대통령 선거일이다.

3. 선거인단의 기능

선거인단의 단 하나의 기능이자 의무는 대통령과 부통령을 선출하는 것이다.[15] 선거인단이 대통령과 부통령을 선출하는 방법은 많은 변화를 거쳤다.

헌법제정자들은 대통령과 부통령을 선출함에 있어 선거인들이 독자적으로 판단할 것으로 기대하였다. 1789년과 1792년 대통령 선거에서 선거인들은 각자의 독자적 판단으로 대통령과 부통령을 선출하였는데, 이들은 두 번 모두 전원일치로 조지 워싱턴을 대통령으로 선출하였다. 선거인들이 독자적 판단으로 대통령

14) J. Crittenden, Parties and Elections in the United States (1982), pp. 342~343.

15) In re Green, 134 U.S. 377 (1890).

을 선출한 것이 1792년이 마지막이었다.

1796년 선거에는 연방파와 공화파 사이에서 팽팽한 대립이 발생하였는데, 이 선거에서 대부분 선거인들은 소속 정당의 통제를 받았다. 이 선거에서 연방파 존 애덤스가 71표를 얻어 68표를 얻은 공화파 토머스 제퍼슨을 누르고 당선되었는데, 버지니아 주와 노스캐롤라이나 주의 선거인 각 1인은 자기 출신 주의 의사와는 관계없이 애덤스에 투표했다. 이처럼 1796년 선거부터 정당정치가 발생함에 따라 선거인은 소속정당의 결정을 충실히 대변하는 꼭두각시가 되고 말았다.

1828년 선거에는 24개 주 중 22개 주가 선거인을 주민의 일반투표로 뽑도록 했는데, 이때 유권자가 4년 전에 비하여 3배로 팽창할 정도로 선거권이 보편화되었다. 그 즈음부터 선거인들은 자기 주의 일반투표 결과를 기계적으로 따르게 되었다. 따라서, 이때부터 선거인은 일반유권자의 의사를 기계적으로 따르는 꼭두각시가 된 것이다. 이러한 현상은 관행이고 전통이라는 점도 중요하다.16) 선거인이 일반투표 결과를 무시하고 달리 투표한다면 어떻게 될 것인가 하는 문제가 있으나, 이러한 일은 발생하지 않았으며 앞으로도 발생하지 않을 것이다.

선거인이 따라야 할 절차는 다음과 같다. 대통령과 의회의 임기의 시점을 조정한 헌법 수정 20조와 관련하여 1934년 6월 5일에 제정된 연방법률은 11월에 선거인 선거가 있은 후 12월 두 번째 수요일 다음에 오는 월요일에 각 주의 선거인은 자기 주에서 함께 모여 대통령과 부통령 후보에 대한 투표를 실시하며, 그 투표용지를 상원의장에 송부하고, 상원의장은 그 다음해

16) Thomas v. Cohen, 262 N.Y.S. 320 (1933); State v. Albritton, 37 So. 2d. 640 (1948).

1월 6일 오후 1시에 상·하원 합동회의에서 선거인단 투표 결과를 집계하고 당선자를 공식적으로 발표한다.[17] 하지만 사실상으로 일반국민은 11월 선거일에 대통령 후보에 직접 투표하는 것과 마찬가지이기 때문에 선거일 당일 저녁이면 대통령 당선자는 이미 결정되며, 단지 이러한 절차적 요식행위가 이루어지는 것이다.

오늘날 선거인의 존재는 무의미하고, 어느 주가 선거인 표를 얼마나 갖고 있느냐가 중요할 뿐이다. 그 주의 선거인표는 일반투표의 최고득표 후보자에 일괄적으로 돌아가는데 이것이 바로 '승자완점'('Winner take all') 원칙이다.

---

17) E. Corwin's, The Constitution And What It Means Today (1973 Edition by H. Chase and C. Ducat), p. 117.

Ⅲ. 대통령과 부통령 선출

대통령에 당선되기 위하여는 선거인단표의 과반수(a majority of the whole number of electors) 득표가 필요하다. 만일에 어떠한 후보도 과반수를 얻지 못하면 대통령 선출은 하원으로 넘어 간다. 원래의 헌법 제2조 1항 2목은 2인의 후보가 선거인단 표의 반씩 득표한 경우에는 그 2인 중에서, 그리고 아무도 과반수를 얻지 못한 경우에는 최고득표순으로 5인의 후보 중에서 하원이 대통령을 선출하도록 되어 있었으나 1804년에 제정된 헌법 수정 12조는 이 조항을 폐지하고 과반수 득표자가 없는 경우에는 최고득표순으로 3인을 초과하지 않는 후보자 중 하원이 대통령을 선출하도록 하여 오늘날에 이르고 있다. 하원에서 대통령을 선출할 때는 각 주가 1표씩 투표하며 전체 2/3 이상 출석에 50개 주의 과반수 득표가 요구된다.

원래 헌법 제2조 1항 3목은 선거인은 대통령과 부통령을 지정하지 않고 2명의 후보에게 투표하여 과반수 득표자가 대통령, 차점 득표자가 부통령이 되게 하였으나 헌법 수정 12조에 의하여 폐지되었고, 대통령 후보가 부통령 후보를 지명하는 '러닝메이트' 제도가 채택되어 오늘날에 이르고 있다. 헌법 수정 12조는 1800년 선거에 대한 반성으로 제퍼슨과 그의 추종자들에 의하여 채택된 것이다.

건국 초기에는 하원이 종종 대통령을 선출할 것으로 기대되었으나 양당 정치가 빨리 성립된데 힘입어서 1800년과 1824년에 단 2회만 대통령이 하원에서 선출되었다. 1800년 선거에서는 연방파와 공화파가 각각 대통령과 부통령을 모두 장악하려고 하였기 때문에 4명의 후보가 출마하였고 선거인단의 투표결과 제퍼슨이 73표, 에이런 버가 73표, 애덤스가 65표, 핑크니가 64표를 얻었다. 따라서 대통령 선출은 하원으로 넘겨졌는데, 하원은 36차 결선투표 끝에 1801년 2월에 제퍼슨을 대통령으로 선출하였다.18)

1824년 선거에서도 역시 4명의 후보가 난립하였는데 선거인단표에서는 앤드루 잭슨이 99표로 가장 많이 득표하였으나 과반수 득표에는 미달하였기 때문에 대통령 선거는 하원으로 넘어갔다. 하원은 선거인단 투표의 차점 득표자인 존 퀸시 애덤스(2대 대통령 존 애덤스의 아들)를 대통령으로 선출했는데, 당시 애덤스는 4위 득표자인 헨리 클레이의 지지를 얻어서 하원에서 최다 득표했다. 애덤스는 클레이를 자신의 행정부에서 국무장관으로 임명하여서 '부패계약'이 있었다는 비난을 받았다. 애덤스는 임기 4년간 지도력을 보이지 못하였고 1828년 선거에서 앤드루 잭슨에게 크게 패배했다.

근래에는 1968년 선거가 하원으로 넘어갈 가능성이 높았었다. 이 선거에서 공화당의 닉슨은 일반투표의 43.1%를 얻어 선거인단표 301표를 얻었고, 민주당의 험프리는 일반투표의 42.7%를 얻어 선거인단표 191표를 획득하였으며, 제3당 후보 조지 월러스는 일반투표의 13.6%와 선거인단 46표를 얻었는데, 월러스가 몇 개 주에서 표를 더 얻었더라면 닉슨은 선거인단표의 과반수를 얻지 못해서 하원이 대통령을 선출할 가능성이 있었다.

---

18) 1801년 선거는 너무나도 유명한 Marbury v. Madison 판결의 직접적인 원인이 되며, 제퍼슨이 헌법수정 12조를 제정하여 러닝 메이트 제도를 도입하게 되는 동기도 된다. Marbury v. Madison에 관하여는, 이상돈, 미국의 헌법과 연방대법원 (1983, 학연사) pp. 19~23 참조.

Ⅳ. 대통령 선거제도의 문제점

미국 대통령 선거의 가장 큰 특징은 선거인단 제도이다. 미국의 대통령 선거의 가장 큰 문제점도 역시 선거인단 제도인데, 주로 승자완점(勝者完占 : 'Winner take all') 원칙에서 비롯된다. 각주의 일반투표에서 최고 득점한 후보는 그 주가 선출할 수 있는 선거인단표를 모두 차지한다. 따라서 전국에 걸쳐 일반투표에서 최고득표한 후보가 선거인단 득표에서는 차점 득표할 가능성이 있으며, 이러한 경우 일반투표에서 차점득표한 후보가 대통령으로 선출되게 된다. 그러면 일반투표에서 차점 득표한 '소수 대통령'('minority President')이 등장하는 것이다.

이해를 돕기 위하여 미국에 뉴욕과 텍사스 2개주만 있다고 하고, 뉴욕은 유권자 3백만에 선거인단 30표, 텍사스는 유권자 2백만에 선거인단 20표를 갖고 있다고 가정하기로 한다. 일반투표에서 공화당의 A 후보는 텍사스에서 190만 표를 얻고 뉴욕에서는 140만 표를 얻었고, 민주당의 B 후보는 텍사스에서 10만 표, 뉴욕에서는 160만 표를 얻었다면, A 후보는 일반투표 330만 표 득표에 선거인단표 20표(텍사스의 선거인단표)를 얻고, B 후보는 일반투표 170만표에 선거인단표 30표(뉴욕의 선거인단표)를 얻게 된다. 따라서 B 후보는 일반투표에서 A 후보의 득표의 반 정도만 얻었지만 대통령에 당선되는 것이다. 이렇게 당선된 대통령이 국내외적으로 리더십을 발휘한다는 것은 기대하기 어렵다.

1984년까지 2명의 '소수대통령'이 나왔다. 1876년 선거에서 공화당의 러더포드 헤이스는 일반투표에서 4,036,572표를 얻어, 4,284,020표를 얻은 민주당의 새무엘 틸던에 졌으나 선거인단표에서는 185표 대 184표로 승리하여 대통령에 당선되었다. 당시 선거인단 투표는 공화당 지배하의 하원에서 재검표를 하는 등 부정과 협잡이 있었던 것으로 알려져 있다. 1888년 선거에서는 공화당의 벤자민 해리슨은 일반투표에서 5,447,269표를 얻어서 5,537,857표를 얻은 민주당의 현직 대통령 글로버 클리블랜드에 패배하였으나 선거인단표는 오히려 233표 대 168표로 해리슨이 승리해서 당선되었다. 뉴욕 주의 일반투표에서 클리블랜드가 근소한 차이로 패배한 탓으로 이런 결과가 발생한 것이다. 1892년 선거에 다시 출마한 클리블랜드는 해리슨에게 일반투표와 선거인단표에서 모두 승리해서 대통령직에 복귀하였다.

후보가 난립하는 경우에는 일반투표에서 과반수에 훨씬 모자라는 득표를 한 후보가 선거인단표에서 압승하는 것도 가능하다. 1860년 선거에서는 민주당이 남부와 북부로 분열해서 각기 후보를 내는 덕분에 에이브러햄 링컨은 일반투표의 40%도 얻지 못했음에도 276표의 선거인단표 중 180표를 차지해서 당선됐다. 1912년 선거에서 우드로 윌슨은 일반투표의 42%를 얻었지만 선거인단표 513표 중 435표를 획득하는 압승을 거두었다.

이러한 경우를 제외하고라도 선거인단표 득표수는 일반투표의 득표수와 비례하지 않는 것이 보통이다. 1984년 선거에서 일반투표의 59%를 얻은 로널드 레이건은 선거인단표 525표를 얻었는데, 몬데일은 비록 전국에 걸친 일반투표의 41%를 얻었지만 워싱턴 D.C.와 미네소타에서만 승리하여 선거인단표 13표를 얻는데 그쳤다.

또 다른 심각한 문제는 하원에 의한 대통령 선출 가능성이다. 어느 누구도 선거인단표의 과반수를 얻지 못하는 경우는 하원이 대통령을 선출하는데 원래의 헌법 제2조 1항 3목 및 이를 대체한 수정 12조는 이 경우 모든 주가 똑같이 1표씩 행사한다고 규정한다. 따라서, 이 경우 인구가 얼마 안 되는 앨라스카, 네바다, 버몬트 등은 뉴욕, 캘리포니아, 텍사스 같이 인구가 많은 주와 동등한 영향력을 행사하게 된다. 극단적인 경우를 가정한다면, 인구가 적은 26개주가 힘을 합쳐서 어떤 후보를 대통령을 선출한다면 전체 미국 인구의 20%도 안 되는 26개주가 대통령을 선출하게 된다.

하원에서의 대통령 선출은 정치적 결탁에 의하여 좌우되기 쉽다. 1824년에 존 퀸시 애덤스가 대통령에 당선된 것이 대표적인 경우다. 애덤스는 4년 후에 앤드루 잭슨에 대패해서 민의의 소재를 보여 주었다. 19세기에 탄생한 소수대통령(러더포드 헤이스, 벤자민 해리슨)과 하원이 선출한 대통령(존 퀸시 애덤스)은 모두 취약한 존재였다. 토머스 제퍼슨은 하원에서 선출되었지만 원래 신망이 높은 인물이었고, 또한 선거인단 득표에 최고 동점 득표하였다는 점에서 예외라고 하겠다.

선거인단 제도를 폐지하거나, 개혁하려는 시도가 몇 번 있었으나 번번이 실패하고 말았다. 1949년에 상원은 각주의 일반투표의 결과에 따라 그 주의 선거인단표를 비례적으로 배분하자는 법안을 통과시켰는데 하원에서 폐기되었고, 1969년에는 하원이 선거인단 제도를 폐지하는 헌법 수정안을 통과시켰으나 상원에서 남부 및 작은 주 출신 의원들의 필리버스터로 죽어버렸으며,[19] 1970년대에도 유사한 시도가 있었으나 번번이 실패하였다.

1960년대 들어서 연방대법원은 선거구 재획정 판결(Baker v. Carr; Reynolds v. Sims 등)을 통하여 '1인 1표'('one man-one vote')의 원칙을 확립하였다.[20] 선거인단 제도는 이러한 '1인 1표' 원칙에 위배되지만 선거인단 제도는 헌법 제도인 탓으로 위헌이라고 할 수는 없다. 선거인단 제도가 헌법 위반이라고 주장한 소송은 연방지방법원에 의하여 기각되었다.[21]

대의민주주의(representative democracy) 원칙에 비추어 본다면 인구에 관계없이 모든 주가 2인씩 선출하는 상원과 선거인단 제도는 대의민주주의 원칙에 대한 헌법상 예외다. 상원은 '견제와 균형'이라는 '매디슨적 민주주의'의 표현이라고 하겠으나, 선거인단 제도는 '견제와 균형'에 기여하는 바가 거의 없으며, 오히려 소수대통령 출현가능성이란 취약성만 노정하고 있다. 그럼에도 불구하고, 선거인단 제도는 미국에 너무 깊이 파고 든 전통이기 때문에 결코 쉽게 폐지되거나 개혁되지 않을 것이다.[22]

---

19) E. Corwin's, The Constitution and What It Means Today (1973 Edition By H. Chase and C. Ducat), p. 114.

20) 이상돈, 전게서, pp. 121~129 참조.

21) Irish v. Democratic-Farm-Labor Party of Minnesota, 287 F. Supp. 794 (1968); affirmed 399 F. 2d 119 (1968).

22) J. Best, The Case Against Direct Election of the President - A Defense of the Electoral College (1971); Winner Take All - Report of the Twentieth Century Fund Task Force on Reform of the Presidential Election Process (1978).

V. 결론

미국 헌법 제정자들은 일반국민이 직접선거로 대통령을 선출하는 것을 바라지 않았고, 선거인들이 나름대로의 판단으로 대통령을 선출할 것을 기대하였다. 헌법 문언 또한 이렇게 해석될 수 있다. 하지만 위에서 설명한 바와 같이, 미국 역사상 대통령 선거인들이 그들 스스로의 판단으로 대통령을 선출한 경우는 1789년과 1792년 두 차례뿐이었다.

1796년부터 선거인들은 '정당의 허수아비'가 되었고, 1824년 선거부터는 일반유권자의 결정을 그대로 따르는 허수아비가 되었다. 정당의 후보지명 전당대회가 확립됨에 따라 선거인단은 존재마저 미미하며 단지 "어느 주가 선거인단표 몇 표를 갖고 있다"는 것 이외에는 의미가 없게 되어 버렸다.

따라서 미국의 대통령 선거는 실질적으로는 직선제와 다를 것이 없다. 그러나, 선거인단 제도는 소수대통령을 탄생시킬 가능성이 있다는 점, 그리고 아무도 선거인단표 과반수를 득표하지 못하면 하원이 대통령을 선출하게 된다는 특성이 있다. 이러한 특성은 직선제에서는 찾아 볼 수 없는 것이다.

(〈고시계〉 1985년 3월호)

〈추록〉 2000년 미국 대통령 선거

2000년 미국 대통령 선거는 선거인단표 득표에서 이긴 후보가 일반 유권자 투표에서는 패배한 드문 경우였으며, 또한 개표결과에 대해 사법부가 판단을 내려서 당선자를 결정지었다는 점에서 특기할 만한 선거였다.

2000년 11월 7일에 행해진 미국 대통령 선거에서는 공화당의 조지 W. 부시 텍사스 주지사와 민주당의 앨 고어 부통령이 팽팽한 경쟁을 했다. 대통령에 당선되기 위해서는 전체 선거인단 538표 중 과반수인 270표 이상을 얻어야 했다.

2000년 11월 7일에 치러진 대선에서 공화당의 부시는 테네시를 제외한 남부 지역과 오하이오, 인디애나 등 중서부를 석권했고, 민주당의 고어는 뉴햄프셔를 제외한 동북부와 서부 해안 지역 주를 석권했다. 11월 7일 밤이 되자 선거인단 득표에 있어서 고어는 255표, 그리고 부시는 246표를 확보한 것으로 확인되었다. 그 때까지도 뉴멕시코(5표), 오리건(7표), 그리고 플로리다(25표)는 승자가 확인되지 않았는데, 결국은 선거인단 수가 많은 플로리다에서 누가 승리하느냐에 따라 당락이 결정될 것으로 보였다. 선거일 다음 날 뉴멕시코와 오리건은 고어의 승리로 드러났지만 플로리다 주의 결과는 계속 미궁 속으로 빠져 들어갔다.

11월 8일 오전 2시 30분경에 플로리다 주의 전체 개표율이 85%이었는데, 부시는 고어에 대해 약 100,000표를 이기고 있었다. 그러나 당시 개표가 부진했던 카운티는 브로워드, 마이애미-데이드, 팜 비치 카운티로 민주당 강세지역이었다. 새벽 4시 30분에 개표가 끝났을 때 부시는 고어를 단지 2,000 표 정도를 앞섰고, 네트워크 뉴스는 부시가 플로리다에서 승리해서 대통령에 당선됐다고 보도했다. 하지만 2,000 표라는 마진은 너무 적어서 플로리다 주법에 의해 재검표가 가능한 상황이었다.

11월 8일, 플로리다 선거관리위원회는 플로리다 주 일반유권자 선거에서 부시가 전체 투표의 48.8%를 얻어서 승리했다고 발표했다. 앨 고어와의 득표수 차이는 불과 1,784표였다. 플로리다 주법은 특표율 차이가 0.5% 미만인 경우에는 기계식 재개표를 하도록 하고 있었다. 11월 10일까지 한 개의 카운티를 제외한 모든 카운티가 기계식 재개표를 마쳤는데, 그러자 부시와 고어의 표 차이는 불과 327표로 줄어들었다. 앨 고어 측은 "후보는 수(手)개표 재검표를 요구할 수 있다"는 플로리다 주법에 의거해서 전통적으로 민주당이 강세인 볼러시아, 팜 비치, 브로워드, 그리고 마이애미-데이드 카운티에 수개표 재검표를 요청했다. 이들 4개 카운티는 고어의 요청을 받아 들여서 수개표를 시작했다.

플로리다 주법은 모든 카운티가 선거 후 1주일 내에 그 결과를 주 국무장관에 송부하도록 하고 있었다. 수개표를 진행하는 카운티들은 이 시한을 맞추기 어렵다고 생각했다. 11월 14일, 플로리다 순회법원은 주 선거법이 정한 1주일이 강제적 기한이라고 판시했는데, 그러면서도 주 국무장관은 나중에 나온 재개표 결과를 채택할 수 있도록 했다. 11월 14일 오후 5시 전에 볼러시아 카운티는 수개표를 완료하고 그 결과를 주 국무장관에게 제출했다. 오후 5시, 주 국무장관 캐서린 해리스는 "67개 카운티 전체의 개표현황을 접수했다"고 발표했는데, 그 때까지 마이애미-데이드 카운티와 브로워드 카운티는 수개표를 하고 있었다. 해리스 장관은 오후 5시까지 투표결과를 제출하지 못한 카운티는 다음날 오전 2시까지 그렇게 하지 못한 소명서를 제출하라고 했다. 4개 카운티가 소명서를 제출했는데 해리스 장관은 "그 중 어느 것도 충분한 사유를 담고 있지 않다"고 결정했다. 그러면서 해리스 장관은 각 카운티에서 집계한 해외 부재자 투표 결과를 받는 대로 대통령 선거 결과를 11월 26일 5시에 공식적으로 확인해서 발표하겠다고 했다.

11월 17일, 플로리다 지방법원은 해리스 장관의 이 같은 조치가 적절한 재량권의 범주에 속한다고 판시했다. 11월 21일, 팜 비치 카운티가 해리스 장관을 상대로 제기한 소송에서 플로리다 대법원은 지방법원 판결을 파기하고 캐서린 장관은 선거절차를 중대하게 저해하지 않는다면 개표 시한 후에 나온 결과를 수용해야 한다고 판시했다.

해리스 장관이 정한 시한인 11월 26일까지 브로워드 카운티만이 재검표를 마쳤다. 마이애미-데이드 카운티는 시한내에 재검표를 할 수 없다고 판단하고 재검표를 포기했다. 플로리다 주대법원은 마이애미-데이드 카운티가 재검표를 계속하도록 허용해 달라고 한 민주당의 요청을 배척했다. 팜 비치 카운티는 11월 27일 밤 9시까지 시한을 연기해 줄 것을 요구했으나 해리스 장관은 이를 거부했다. 팜 비치 카운티는 26일 저녁 7시 넘어서 재검표를 마쳤지만 해리스 장관은 그 결과를 받아들이기를 거부했다. 이처럼 브로워드 카운티의 재검표 결과만 시한 내에 제출되어서 그 결과를 반영하자 부시는 고어에 대해 537표를 이긴 것으로 나타났고, 해리스 장관은 "플로리다 주에서 조지 W. 부시가 승리했다"고 발표했다.

12월 4일, 연방대법원은 부시가 팜 비치 선거관리위원회를 상대로 한 소송에서 "시한 후에 나온 재검표 결과를 반영하여야 한다"고 판시한 플로리다 주 대법원 판결을 파기했다. 연방대법원은 헌법이 선거인 선정 권한을 주 의회에 부여하였음을 지적했다.

부시가 플로리다 주에서 승리했다는 결정이 있자 앨 고어는 플로리다 주법에 의거해서 플로리다 주 전역의 투표 결과에 도전하는 소송을 주 법원에 제기했다. 이틀간의 심리를 거쳐 플로리다 제2항소법원은 "주 전체의 선거 결과에 도전하기 위해서는 법원의 심리에 의해 선거 결과가 바뀔 수 있을 가능성을 입증해야 하는데 고어 측은 그러하지 못했다"고 판시했다. 고어 측은 이에 주 대법원에 상고했다.

12월 8일, 플로리다 주 대법원은 4 대 3 판결로 "주 전역에 걸쳐서 수개표를 하라"고 판시했다. 주 대법원 판결에 의해서 시한을 대지 못한 팜 비치 카운티의 재검표 결과와 부분적으로 시행한 마이애미-데이드 카운티의 재검표 결과를 반영한다면 부시는 고어에 비해 200표 미만으로 승리하는 것으로 나타났다. 부시 측은 이에 불복해서 연방대법원에 상고했다.

12월 9일, 연방대법원은 5 대 4 판결로 수개표를 중단시켰다. 다수의견을 대표한 스칼리아 대법관은 "수개표를 하라고 지시된 투표가 플로리다 주법의 합리적인 해석에 비추어 볼 때 합법적으로 행해진 투표이었는가를 판단하는 것이 중요한 쟁점"이며, "수개표를 먼저하고 그 합법성 여부를 나중에 다루는 것이 반드시 공정한 선거 결과를 가져오는 방법은 아니다"고 판시했다.

12월 11일, 연방대법원은 "플로리다 주 법원의 판결은 헌법의 평등권 조항에 위반된다"고 판시했다. Bush v. Gore, 531 U.S. 98 (2000). 렌퀴스트 대법원장, 오코너 대법관, 스칼리아 대법관, 케네디 대법관, 그리고 토머스 대법관은 "플로리다 주 법원이 이 사건을 다룬 방식은 카운티 별로 유권자의 투표를 차별하는 결과를 초래하기 때문에 헌법에 보장되어 있는 평등권을 침해한다"고 판시했다. 브라이어 대법관과 수터 대법관은 다수의견에 찬동하면서도 주 법원에 환송할 것을 주장했다. 하지만 긴스버그 대법관과 스티븐스 대법관은 "투표 결과를 판정하는 주의 행위의 실질을 대법원이 심사해 본 적은 없었다"는 이유에서 반대의견을 냈다.

렌퀴스트 대법원장, 스칼리아 대법관, 그리고 토머스 대법관은 "플로리다 주 법원이 플로리다 주 의회의 의사를 위반했다"는 의견을 냈지만 이에 대해선 브라이어, 수터, 긴스버그, 스티븐스 대법관은 반대했고, 케네디, 오코너 대법관은 이에 찬동하지 않았다. 대법원 판결에 의해서 캐서린 해리스 장관이 조지 W. 부시를 플로리다 주 선거에서 승자로 판정한 조치는 확인됐으며, 비로소 부시는 대통령에 당선됐다.

결과적으로 부시는 선거인단표에서 271표를 얻어 266표를 얻은 고어에게 승리했다. 하지만 일반 유권자 투표에서는 부시는 50,456,002표를 얻어 50,999,897표를 얻은 고어에 패배했다. 부시는 유권자 투표에서 패배한 '소수 대통령'(minority president)인 것이다. 부시가 당선되는 데는 연방대법원이 결정적인 역할을 했다. 하지만 선거과정에 대해 단순하게 평등권을 적용한 연방대법원의 판결은 많은 비판을 받았다.

〈참고문헌〉

- Richard Briffault, Bush v. Gore As an Equal Protection Case, 29 Florida St. U. L. Rev. 325 (2001)
- Peter Shane, Disappearing Democracy : How Bush v. Gore Underminded the Federal Right to Vote for Presidential Electors, 29 Florida St. U. L. Rev. 535 (2001)

제 4 장

독립규제위원회와 신형식주의 권력분립론

Ⅰ. 머리말

제6공화국에 들어서서 행정의 민주화와 전문화를 요구하는 목소리가 커졌고, 이에 부응해서 중립성과 전문성이 보장되는 위원회를 분야별로 도입하자는 이야기가 들리고 있다. 위원의 임기가 보장되고 대통령의 지시에 좌우되지 않는 독립적 또는 준(準)독립적인 위원회를 도입하자는 사람들은 미국의 행정위원회를 예로 든다. 하지만 이러한 위원회 제도를 도입함으로써 초래될 수 있는 문제와 이러한 위원회의 헌법상 위상에 관한 논의는 별로 없다.

우리나라 행정법 학자들이 칭송하고 있는 미국의 행정위원회(administrative agency), 또는 독립규제위원회(independent regulatory agency)는 1980년대에 많은 비판을 받았다. 1987년은 독립규제위원회 탄생 100주년이어서 미국의 행정법학계와 행정학계는 이를 두고 많은 논쟁을 벌였다.[1)]

Ⅱ. 독립규제위원회의 유래와 발전

미국 최초의 규제적 연방행정위원회는 1887년에 의회가 제정한 주제(州際)통상법(The Interstate Commerce Act of 1887)에 의하여 탄생한 주제통상위원회(The Interstate Commerce Commission : I.C.C.)이다. 주제통상위원회는 당초에는 내무부 산하기관으로 발족하였으나, 2년 후인 1889년 3월 2일에 의회가 주제통상위원회를 내무부에서 분리시켜서 독자적인 예산·인사·관리권을 갖도록 하는 법률을 통과시킴에 따라 '독립적'인 규제위원회, 즉 독립규제위원회가 되었다. 당시 법률은 '독립'(independent)이라는 용어를 쓰지는 않았지만 행정부로부터 독립되었다고 하여 그렇게 불리게 됐다.

설치한지 2년 만에 어떠한 이유에서 의회가 새로운 법률을 제정하여 주제통상위원회를 독립적 기관으로 발족시켰는지에 대해선 이렇다고 할 정설(定說)이 없다. 대통령이 주제통상위원회를 지배하고 말 것이라는 우려 때문이었다는 해석이 유력하지

---

1) 1987년은 미국 헌법 제정 200주년이었을 뿐 아니라 행정국가(administrative state) 100주년이기도 하였다. '행정국가 100주년'은 최초의 행정위원회인 주제통상위원회가 설립된 1887년을 기점으로 삼은 것이다. Stillman, Ⅱ., The Constitutional Bicentennial and the Centennial of the American Administrative State, 47 Public Administration Review 4 (1987). 최초의 행정위원회인 주제통상위원회가 독립규제위원회가 된 시점은 2년 후인 1889년이다. 주제통상위원회는 1887년에 내무부의 하부 기구로 설치되었다가 1889년 3월에 내무부에서 분리되어서 독립적 지위를 갖게 되었다. Act of March 2, 1789, 25 Stat. 855.

만, 한편으로는 우연한 '역사적 사고'('historical accident')였다는 주장도 있다.[2] 당시의 정치적 상황이 의회로 하여금 독립규제위원회를 만들어 냈을 것이라는 해석도 있다. 1889년 3월 2일 민주당 지배하에 있던 의회가 공화당 소속인 벤자민 해리슨이 대통령에 취임하기 2일 전에 이 법률을 제정해서 주제통상위원회를 대통령과 그의 각료의 영향력으로부터 독립시켜 버렸다는 것이다.[3] 이런 과정을 거쳐 독립된 지위를 갖게 되어 대통령의 통제 밖에 놓이게 된 주제통상위원회는 오히려 '의회의 기구'('arm of Congress')로 여겨졌다.[4]

1889년 법률에 의하여 다시 태어난 주제통상위원회는 그 후에 생긴 많은 유사한 위원회의 모델이 되었다. 하지만 주제통상위원회의 조직과 권한은 권력분립 원칙에 합치되지 않는다는 비판을 받았다.[5]

첫째, 의회는 주제통상위원회에게 집행권 뿐 아니라 공공이익을 규제하는데 필요한 유연한 정책을 결정하는 권한도 부여하였는데, 이는 헌법에 의하여 의회에 부여된 입법권을 주제통상위원회에 허용한 것과 마찬가지라는 것이다. 둘째, 주제통상위원

2) R. Pierce, Jr., S. Shapiro and P. Verkuil, Administrative Law and Process (1985), p. 98.

3) Verkuil, The Purpose and Limits of Independent Agencies, 1988 Duke L. J. 257, 272 n.69 (1988). 당시 민주당 지배하의 의회가 해리슨에 대해 갖고 있던 반감은 이해할 수 있는 것이다. 벤자민 해리슨은 1888년 선거에서 당시 민주당의 현직 대통령 글로버 클리블랜드에 상대해서 선거인단 득표에서 승리해서 당선되었으나 일반투표 득표에서는 클리블랜드가 큰 폭으로 이겼기 때문에 '소수'대통령(또는 '가짜'대통령)이라고 불렸다.

4) R. Pierce, Jr., S. Shapiro and P. Verkuil, supra note 2, p. 98.

5) Ibid., pp. 31~32.

회는 철도요금을 결정함에 있어서 대립 당사자주의적인 청문절차를 사용하도록 했는데, 이는 헌법이 법원에 부여한 사법권을 침해한다는 것이다. 셋째, 주제통상위원회의 위원은 대통령에 의하여 임명되었지만 위원은 "직무상의 무능력, 직무유기, 또는 비위"의 경우가 아니면 면직될 수 없도록 임기가 보장되어서 대통령의 임면권을 부당하게 침해한다는 비판이 일었다. 이처럼 주제통상위원회는 의회의 수권(授權)이 없이도 입법적 기능을 행사하였으며, 위원들은 법률에 규정된 사유가 아니면 대통령에 의하여 파면될 수 없는 독립성을 갖게 되었다.

1914년에는 불공정거래행위를 규제하기 위한 연방거래위원회(The Federal Trade Commission)가 설치되었으며, 1930년대에 들어서 증권거래위원회(SEC), 노동관계위원회(NLRB) 등이 속속 설치되어서 이른바 '알파베트위원회' 시대가 활짝 열렸다. 뉴딜 정책을 내세운 루스벨트 대통령은 이러한 위원회를 대거 설치하고 자신의 정치적·경제적 철학에 부응하는 제임스 랜디스, 윌리엄 더글라스 등 개혁주의자들을 위원으로 임명했다. 하지만 이렇게 태어난 행정위원회가 정책을 결정했던 절차는 비판을 불러 일으켰으며, 이런 비판을 불식하기 위해서 연방행정절차법(The Administrative Procedure Act)을 제정하게 되었다.[6]

6) 미국의 연방행정절차법(APA)의 제정 경위와 내용 및 발전에 대하여는 이상돈, 미국의 연방행정절차법 제정 경위 (고시계, 1986년 10월호) 참조.

Ⅲ. 독립규제위원회와 권력분립 원칙

독립규제위원회는 위헌 논란에 시달렸지만 위원회가 갖고 있는 입법권은 의회에 의한 입법권 위임이라는 이유로, 그리고 위원회의 재결기능은 사후(事後)에 사법심사가 가능하다는 이유로 헌법에 위반되지는 않는다고 인정되었다. 문제는 대통령의 공무원 해임권을 제약한 위원의 임기 보장에 관하여서였다. 모든 조직에 있어서 그 구성원의 지위는 바로 그 조직의 지위를 결정짓는 것이며, 실제로 1889년에 의회가 주제통상위원회를 내무부로부터 독립시킨 조치의 핵심도 바로 위원의 지위와 관련하여서였다.

정치적으로 임명된 공무원[7]을 파면할 수 있는 대통령의 권한(Presidential removal power)에 대하여는 1926년에 연방대법원이 유명한 판결을 내렸다. Myers v. United States[8] 사건에서 연방대법원은 "정치적으로 임명된 공무원인 우정청장(郵政廳長)을 대통령이 파면하는 경우에는 상원의 동의를 거치도록 한 공무원 임기법(The Tenure in Office Act) 조항이 대통령의 집행권을 부당하게 제약하기 때문에 권력분립 원칙에 위배된다"고 판시하였다. 문제는 이러한 논리가 독립규제위원회 위원을 파면하는 경우에도 적용되는가 하는 것이었다.

---

7) 의원내각제 국가와는 달리 미국에서는 장·차관, 대사 뿐 아니라 상당히 많은 고위공무원이 정치적 임명직인데, 상원의 동의로서 임명되지만 직업공무원으로서의 신분보장을 받지는 못한다.

8) 272 U.S. 52 (1926).

이 문제는 뉴딜 초기에 발생하였다. 루스벨트 대통령은 연방거래위원회(FTC)의 위원인 험프리가 자신의 정책에 협조하지 않는다는 이유를 들어 파면하였다. 법률에 의하여 연방거래위원회의 위원은 직무유기 등 정당한 사유가 없이는 임기 중 파면될 수 없도록 되어 있었지만 루스벨트는 이 같은 제약이 헌법위반이라고 생각하고 험프리를 파면하였던 것이다. 연방대법원은 루스벨트 대통령의 입장을 지지하지 않았다. Humphrey v. U.S. 판결[9]에서 연방대법원은 "마이어스와는 달리 험프리는 법률에 의하여 임기가 보장되는 독립규제위원회의 위원이며, 이러한 위원회는 준(準)사법적 및 준(準)입법적 기능도 수행하고 있기 때문에 순수한 집행적 기능의 행정공무원과는 경우가 다르며, 따라서 대통령은 법률에 규정된 상당한 사유가 있는 경우에만 위원을 파면할 수 있다"고 판시했다.

험프리 판결은 독립규제위원회의 헌법적 합치성을 유권적으로 확인한 것이었다. 이 판결에서 연방대법원은 "위원회의 기능이 정치적이거나 집행적인 것도 아니며, 위원회에 요구되는 전문성(expertise)과 공정성(impartiality)으로 인해서 대통령의 영향력으로부터 격리되는 것은 정당화 될 수 있다"고 하였다. 연방대법원은 "모든 정부기능은 입법, 행정 및 사법의 세 가지 중 어느 하나에 속하여야 한다"는 마이어스 판결의 기계적인 권력분립 이론을 완화시킨 것이다.

연방대법원은 이처럼 권력분립 원칙이 완화되는 논거로 행정위원회의 전문성을 들었다. 전문성을 근거로 권력분립 원칙을 완화시킨 것을 '기능주의적 권력분립 이론'('functionalism')이라고 부르는데, 이러한 경향은 1970년대까지 지속되어 왔다.

---

9) 295 U.S. 602 (1935).

Ⅳ. 독립규제위원회에 대한 비판

모든 제도와 기구에 대하여는 찬반론이 있기 마련이지만, 독립규제위원회 만큼 찬사와 비판을 동시에 받은 행정제도도 별로 없다. 뉴딜 정책으로 인해 독립규제위원회가 늘어났지만 루스벨트 대통령은 독립규제위원회 때문에 좌절을 맛보기도 했다. 루스벨트는 개혁 수단으로 독립규제위원회를 많이 만들어 냈지만 이 위원회들은 설립되자마자 루스벨트의 기대와 통제를 벗어났다. 루스벨트는 독립규제위원회를 장악하려고 시도했지만 험프리 판결로 좌절되었다. 1937년에 발표된 브라운로우 위원회 보고서[10]는 독립규제위원회를 '머리가 없는 정부의 제4부'('headless fourth branch of government')라고 비난하였다. 이 보고서는 편파적이라는 비판을 듣기도 했지만 독립규제위원회에 대한 루스벨트 행정부의 시각을 보여준 것은 틀림없다.

제2차 세계대전이 끝나고 연방행정절차법이 제정됨에 따라 독립규제위원회의 권한 행사에 대한 절차적 준칙이 마련되었으며, 1970년대까지 의회는 각종 독립규제위원회를 창설하는 법률을 계속 만들어냈다. 또 한편으로 독립규제위원회가 수행하는 기능은 일반 행정부서에 의하여도 훌륭하게 수행될 수 있음이 확인되기도 했다. 식품 의약품의 안전성을 규제하는 식품의약청(The Food and Drug Administration : FDA), 환경행정을 담당하는 환경보호처(The Environmental Protection Agency

10) President's Comm. on Administrative Management, Report with Special Studies (1937) (Brownlow Report).

: EPA), 사업장에서의 근로자의 보건과 안전을 규제하는 산업안전보건청(Occupational Safety and Health Administration : OSHA), 그리고 정부예산의 통제와 관리를 담당하고 있는 예산실(Office of Management and Budget : OMB)이 그러한 경우다.[11] 그럼에도 불구하고 의회가 독립규제위원회를 창설하고 이들에게 권한을 부여하는 이유는 위원회를 대통령으로부터 격리시켜서 의회의 통제 하에 둘 수 있기 때문이다.[12]

독립규제위원회의 독립성의 근거가 되었던 '전문성'도 1960년대 들어서 도전받기 시작했다.[13] 독립규제위원회는 공익을 보호하기 보다는 오히려 규제 대상인 기업의 이익을 보호하는 경향이 있으며, 전문성을 주장하지만 훌륭한 전문인력을 수용하지 못하고 있다고 비판되었다. 이러한 비판에 대해 의회는 독립규제위원회의 전문성을 향상시키기 보다는 이에 대한 감독을 강화시켰다. 독립규제위원회는 의회의 소관 상임위원회나 소위원회의 감독청문(oversight hearing) 등을 통해 감독을 받았을 뿐 아니라, 입법적 거부(legislative veto)가 많은 법률에 추가됨에 따라 독립규제위원회의 규칙제정이나 재결이 의회에 의하여 번복될 수 있게 되어서 독립규제위원회는 의회의 직접적인 통제를 받게 됐다. 이런 결과로 독립규제위원회는 의회, 특히 소관 상임위원회에 사실상 책임을 지게 되었고, 이에 따라 전문성이 요구되어서 행정부로부터 '독립성'이 보장되어야 한다는 주장은 빛을 잃었다.[14]

11) R. Pierce, Jr., S. Shapiro and P. Verkuil, supra note 2, pp. 97~98.
12) Ibid., pp. 99~100.
13) 대표적 비판론으로는, T. Lowi,, The End of Liberalism : Ideology, Policy, and the Crisis of Public Authority (1969).

뿐만 아니라 독립규제위원회의 존재 이유였던 규제 그 자체가 심각한 도전을 받게 되었다. '규제의 실패'(regulatory failure)가 공공연하게 논의 됐고, 심지어 '규제해제'(deregulation)가 주장됨에 따라서[15] 독립규제위원회의 위상은 더욱 흔들리게 되었다.

1979년에 발생한 펜실베이니아 주(州) 드리마일 아일랜드 원자력발전소 사고를 조사하기 위해 대통령이 임명한 조사위원회(케메니 위원회)는 독립규제위원회인 원자력규제위원회(NRC)를 단일의 행정관에 의하여 통제되는 일반 행정부서로 변화시켜서 책임성을 강화시킬 것을 건의하여 많은 주목을 받았다.[16] 말하자면, 드리마일 아일랜드 사건도 '규제의 실패'이었는데 원자력기술이란 전문성을 갖고 있는 독립규제위원회가 이러한 비판을 받게 된다면 전문성 정도가 낮은 다른 많은 독립규제위원회는 더 말할 나위가 없는 것이다.[17]

독립규제위원회의 기능과 효율성에 대한 이러한 비판과는 별도로 독립규제위원회는 권력분립에 대한 새로운 해석론에 의하여 도전받게 되었다. 권력분립에 대한 새로운 해석이란 1980년대에 미국의 법조계와 학계를 뒤흔든 이른바 '신형식주의'(neo-formalism) 또는 '신고전주의'(neo-classical) 권력분립 이론이다.[18] 신형식주의적 권력분립론은 "헌법에 천명된 권력분

14) Note, Incorporation of Independent Agencies into the Executive Branch, 94 Yale L. J. 1766, 1769~1770 (1985).

15) 이상돈, 규제완화와 사법심사, 김이열 교수 화갑기념 〈현대공법론〉 (삼영사, 1989), pp. 263~276.

16) 이상돈, 핵에너지 개발의 법적 문제점, 환경법연구 제6권 (1984) pp. 77~106.

17) Note, supra note 14, p. 1769.

립 구조를 그대로 따라야 하며 변형된 조직이론을 인정해서는 안 된다"는 주장이다. 1981년에 작은 정부를 내걸고 들어선 레이건 행정부는 규제완화와 신연방주의(New Federalism)를 정책 슬로건으로 삼았을 뿐만 아니라 독립규제위원회가 헌법위반이라고 주장하기에 이르렀다.

18) Miller, Independent Agencies, 1986 Sup. Ct. Rev. 41, 53 (1986).

V. 신형식주의 권력분립 이론

대통령제 정부구조는 입법·행정·사법부 상호간의 권력분립과 '견제와 균형'에 입각해 있다. 권력분립 원칙은 구체적 사안에서의 해석과 적용에 있어서 혼란을 일으켜 왔다. 의회와 행정부 사이의 관계 자체가 많은 변화를 겪어 왔으며, 이에 따라 권력분립 원칙도 큰 변화를 겪어왔다.[19]

권력분립 원칙은 19세기 후반 이후 약 100년간 원래적인 의미에서 벗어나서 보다 '기능주의적'(functional)으로 운영되어 왔다. 입법권의 위임, 독립규제위원회, 그리고 입법적 거부(legislative veto)는 권력분립 원칙을 기능론적으로 해석함으로써만 헌법적 합치성을 인정받을 수 있는데, 미국의 과거 100년간의 행정법은 기능론적 권력분립 이론에 기초하였다고 하여도 지나친 말이 아니다.

하지만 1980년대에 들어서 '신형식주의 권력분립론'이 대두되어서 독립규제위원회의 존립을 위협했다. '신형식주의 권력분립론'('new formalism of separation of powers doctrine')이란 근본적인 헌법원칙을 재발견했다는 의미를 갖고 있는데, 이 견해에 의하면 "독립규제위원회는 입법·행정·사법의 세 가지

---

19) 권력분립 이론의 역사와 이론적 함축성에 관하여는 다음 논문을 참조. Levi, Some Aspects of Separation of Powers, 76 Columbia L. Rev. 371 (1976); Kurland, The Rise and Fall of the 'Doctrine' of Separation of Powers, 85 Michigan L. Rev. 592 (1986); Verkuil, Separation of Powers, the Rule of Law and the Idea of Independence, 30 William & Mary L. Rev. 301 (1989).

기능을 혼합한 '이상한 아말감'('strange amalgam')으로서 권력분립 원칙에 위반된다"는 것이다.[20] 이러한 입장은 입법적 거부를 위헌으로 판시한 연방대법원의 판결, 그리고 상당수의 학자와 레이건 행정부 고위관료에 의해서 제기되어 1980년대를 풍미했다.

1975년의 Buckley v. Valeo 판결[21]에서 연방대법원은 연방선거위원회(The Federal Election Commission)의 위원 임명절차를 위헌으로 판시하였다. 문제가 되었던 연방선거위원회는 6인의 위원으로 구성되었는데, 2명은 대통령에 의하여, 2명은 상원 임시의장에 의하여, 그리고 나머지 2명은 하원의장에 의하여 임명되어서 상·하 양원 각각의 과반수 찬성에 의한 동의를 얻도록 되어 있었다. 대법원은 이 같이 의회가 대통령과 함께 위원을 임명하는 구조가 헌법이 보장하는 대통령의 공무원 임명권을 침해하기 때문에 권력분립 원칙을 위반한다고 판시했다. 이 판결은 헌법 제2조의 '연방공무원'('officer of the U.S.')에 대한 정의와 관련해서 이 위원회의 위원이 미국법에 의거하여 중요한 권한을 행사하기 때문에 헌법이 의미하는 '연방공무원'이라고 판시해서, "대통령은 독립규제위원회의 위원을 파면할 수 있다"고 해석할 수 있는 가능성을 보여주었다.[22]

권력분립 원칙에 대한 형식주의적 해석은 1983년의 INS v. Chadha 판결[23]에서 절정을 이루었다. 이 판결에서 연방대법원

20) Foote, Independent Agencies Under Attack : A Skeptical View of the Importance of the Debate, 1988 Duke L. J. 223, 223 (1988).

21) 424 U.S. I (1975).

22) Note, Incorporation of Independent Agencies into the Executive Branch, 94 Yale L. J. 1766, 1777 (1985).

Ronald Reagan

은 '입법적 거부'(legislative veto)가 헌법에 보장된 대통령의 법률안 거부권과 양원제 원칙에 위반된다는 이유로 위헌이라고 판결하였다.[24] 어떠한 제도의 실용적 타당성은 도외시하고 단지 헌법에 특별하게 규정되지 아니한 제도는 권력분립 원칙에 위반된다고 한 이 판결은 200여 개의 연방법률 조항을 무효화해서 행정입법에 대한 의회의 통제를 약화시켰을 뿐더러 헌법에 근거가 없는 독립규제위원회의 미래에 대하여도 불안한 그림자를 던졌다.

독립규제위원회 자체도 레이건 행정부의 '신연방주의'(New Federalism)의 도전을 받았다. 1980년 대통령 선거의 슬로건이었던 '신연방주의'란 "연방정부가 부당하게 앗아갔던 권력을 주와 지방정부에 돌려주겠다"는 것인데,[25] 연방정부가 행사하고 있던 규제행정이 주된 표적이 되었다. 독립규제위원회가 행사하고 있는 권한의 많은 부분이 주와 지방정부로 반환되거나 아예 폐지되어야 한다는 주장이 제기 됐다. 이 같은 레이건 행정부의 철학은 뉴딜 이후 미국 정부의 철학을 뒤엎는 것이었다. 샌디에이고 대학 교수 출신으로 레이건 행정부에서 대통령 보좌관을 지낸 에드윈 미즈 3세 법무장관은 1985년에 다음과 같이 말했다.[26]

---

23) 462 U.S. 919 (1983).

24) 이상돈, 입법적 거부에 대한 미국 연방대법원의 위헌판결, 고시계 1984년 10월호, pp. 95~106.

25) Gray, Regulation and Federalism, 1 Yale J. Reg. 93 (1983) 참조.

"…… 헌법 제정자들은 정부를 3개 부(府)에 분산시켰다. 그들은 권한과 책임을 주의 깊게 3부에 배분하였다. 법률안 거부와 탄핵과 같은 소수의 예외를 제외하고는 헌법은 입법권은 오직 의회에, 집행권은 오직 대통령에게, 그리고 사법권은 오직 법원에 귀속시켰다. …… 독립규제위원회는 원래적 입법권을 갖고 있지 못한다. 그들은 헌법에 의하여 창조된 기구가 아니다. …… 이는 곧 우리가 어떠한 사안이 '준입법적'이거나 '준사법적' 기능이어서 독립규제위원회에 위임되어야 한다는 생각을 포기하여야 한다는 것을 의미한다. …… 집행적 기능을 수행하는 독립규제위원회는 그 자체가 행정부의 하부기관이다. 그들은 결코 어떤 것에 준하는 기관이거나 어떤 것으로부터 독립적인 기관이 될 수 없다."

---

26) 1985년 9월 13일, 디트로이트에서 개최된 Federal Bar Association에서의 연설.

Ⅵ. Bowsher v. Synar, 478 U.S. 714 (1986)

권력분립에 대한 형식주의론적 해석은 1986년의 Bowsher v. Synar 판결에서 연방대법원에 의하여 채택되었다. 이 판결은 연방정부의 재정적자를 감소시키기 위한 그램-러드먼-홀링스법(Gramm-Rudman-Hollings Act)이라 통칭되는 '균형예산 및 적자통제 비상법'(The Balanced Budget and Emergency Deficit Control Act of 1985)과 관련해서 발생했다.[27] 사안과 대법원의 판결요지는 다음과 같다.

1. 사안

1985년 12월 12일, 레이건 대통령은 '균형예산 및 적자통제 비상법'에 서명했는데, 이 법률은 연방정부의 재정적자를 감소시키는 것이 목적이었다. 이를 위하여 1986 회계연도부터 1991 회계연도까지 매년 '최대로 허용될 수 있는 적자폭'(maximum deficit amount)을 설정해서 1991년에는 적자가 제로(0)가 되도록 했는데, 어느 연도의 적자폭이 이를 초과하는 경우에는 그 초과분의 1/2을 국방예산에서, 그리고 나머지 1/2을 국방예산 이외의 예산에서 삭감하도록 요구하였다. 이러한

27) 이 법률에 대하여는, Kahn, Gramm-Rudman and the Capacity of Congress to Control the Future, 13 Hastings Con. L. Q. 185 (1986) 참조.

자동적 삭감은 제251조의 '보고 조항'(reporting provision)에 의하여 실행되는데, 연방예산국장(Director of the Office of Management and Budget : OMB)과 의회 예산실장(Director of the Congressional Budget Office : CBO)은 각각 차년도 재정적자를 판단하여 예상적자 폭이 규정된 적자 수준을 초과하는 경우에는 삭감이 가능한 예산을 프로그램 별로 산정하여 심계원장(The Comptroller General)에 통보하고 심계원장은 이를 검토한 후 자신의 견해를 대통령에게 보고하도록 되었다. 대통령은 이 보고를 받은 후 심계원장이 제시하는 대로 적자폭 축소를 위한 조치를 취하는 강제명령을 내리도록 요구되었는데, 이 명령이 있은 후 일정한 기한 내에 의회가 이 명령의 필요성을 감소시키는 조치를 입법화하지 않으면 강제명령이 효력을 발휘하게 되어 있었다.

이 법률조항이 위헌 소지가 있음은 입법 단계에서 인식되었기 때문에 의회는 이 조항이 위헌 무효화될 경우에 대비한 조항('fall back' provision)을 274조 (f)로 입법화하였다. 274조 (f)는 위의 '보고조항'이 무효화되는 경우에 효력을 발휘하기로 되어 있었는데, 이에 의하면 예산국장과 의회 예산실장이 작성한 보고서가 양원의 적자삭감특별위원회에 제출되고 이 위원회는 5일 이내에 보고서 내용을 구현할 수 있는 상·하원 합동결의 절차에 회부하도록 하였으며, 이 결의가 통과되어 대통령에 의하여 서명되면 보고 조항에 의한 대통령의 강제명령의 효력을 뒷받침하도록 되었다.

레이건 대통령이 이 법률안에 서명하자마자 이 법률의 제정에 반대하였던 사이나 하원의원은 이 법률이 위헌이라면서 소송을 제기하였다. 이 소송에는 하원의원 11명이 사이나 의원 측에 참가했으며 재정지출의 자동 삭감으로 인하여 피해를 입게 되었다고 주장하는 재무부 직원노조도 동일한 내용의 별개 소송을 제기하였다.

연방지방법원은 이 법의 보고조항에서의 심계원장의 역할이 헌법에 구현돼 있는 권력분립 원칙에 위반되어 무효라고 판시했다.[28] 이에 대해서 상소가 제기되어서 연방대법원이 심리하게 되었다.

2. 연방대법원 판결

버거 대법원장이 대표한 판결을 통하여 대법원은 원심을 인정하였다.[29] 대법원의 판결논지는 다음과 같았다.

헌법의 권력분립 원칙 하에서 의회는 결코 법률을 집행할 수 없으며, 따라서 의회는 의회의 통제 하에 있는 공무원에게 자신이 갖고 있지 않은 법률을 집행할 수 있는 권한을 부여할 수는 없다. 의회에 의하여 통제되는 공무원으로 하여금 법률을 집행하도록 하는 것은 입법적 거부를 허용하는 것과 마찬가지인데, 입법적 거부는 Chadha 판결에서 이미 위헌으로 판시됐다. 따라서 심계원장이 의회에 의하여 통제되는 공무원인가 하는 문제가 본건의 핵심이다. 심계원장의 지위에 있어서 가장 중요한 부분은 직위가 보장되느냐는 것이다.

심계원장은 하원의장과 상원 임시의장이 추천한 3명의 후보 중에서 대통령이 지명하여 상원의 동의를 거쳐서 임명되는데,

28) Synar v. U.S., 626 F. Supp. 1374 (D.C. 1986).

29) Bowsher v. Synar, 478 U.S. 714 (1986).

그는 의회에 의하여 해임될 수 있다. 그는 탄핵뿐 아니라 집무수행 불능, 무능, 직무유기, 비행, 또는 범죄나 부도덕한 행위 같은 사유가 있다고 의회가 판단하는 경우에는 어느 때이든 의회에 의하여 해임될 수 있다. 심계원장의 해임가능(removability) 조항은 심계원의 지위를 판단하는 데 있어 중요하다. 의회는 심계원을 행정부로부터 독립시켰으며, 심계원장을 의회의 통제 하에 두고 있는 것으로 생각하여 왔다. 따라서 '균형예산 및 적자통제 비상법' 251조는 "의회가 법률 집행에 직접적 역할을 하여서는 안 된다"는 헌법 조항에 위배된다.

그러나 대법원은 심계원이 갖고 있는 정부조직상의 문제는 판단 대상이 아니라고 하였으며, 또한 251조가 위헌으로 무효화되더라도 274조 (f)는 유지될 것이라고 판시했다.

이 판결에 대하여는 화이트 대법관이 반대의견을 제출하였다. 화이트 대법관은 "대법원이 권력분립 원칙을 비참할 정도로 형식주의적인 관점에서 파악하여 의회와 대통령이 선택한 정부 정책의 목적 달성을 방해하고 있다"고 비판하였다. Chadha 판결에서도 반대의견을 제출한 바 있는 화이트 대법관은 1980년대의 일련의 대법원 판결이 "부당한 헌법적 해석에 근거하고 있으며 이에 따라 후회스러운 결과를 초래하고 있다"고 지적했다.

Ⅶ. 독립규제위원회의 위상

1. Bowsher v. Synar 판결과 독립규제위원회

Chadha 판결에서 대법원은 각종 연방법률 200개 이상의 조항을 무효화하였다. 그리고 Bowsher 판결에서 대법원은 60년 이상 유지되어온 의회에 의한 공무원 해임권을 무효화하였다. 따라서 Bowsher 판결에 이은 제3탄은 독립규제위원회 자체에 대한 위헌판결이 될 것이라고 이야기되었다. 그러나 Bowsher 판결을 조심스럽게 관찰하면 대법원은 더 이상 나아가지 않을 것임을 암시하고 있으며, 또한 독립규제위원회 제도를 정당한 것으로 보고 있음을 알 수 있다.[30] 대법원은 독립규제위원회의 지위에 대한 의구심은 논의 대상이 아니라고 하면서, Humphrey's Executor 판결[31]을 유효한 것으로 인정했다.

그럼에도 불구하고 Bowsher 판결은 독립규제위원회의 위원에 대한 의회의 통제에 대하여 적신호를 보낸 것이 분명하다.[32] Bowsher 판결은 행정부의 정책결정에 의회가 간여하는 관행에 대하여 제한적인 견해를 천명한 것이나 독립규제위원회의 위상 자체를 위협하는 것은 아니라는 의견도 제시되었다.[33] 이 논쟁은 헌법 이론가에게는 중요할지 몰라도 규제기관에게는 별다른

---

30) Verkuil, The Status of Independent Agencies After Bowsher v. Synar, 1986 Duke L. J. 779, 792 (1986).

31) Humphrey v. U.S., 295 U.S. 602 (1935).

32) Verkuil, supra note 30, p. 797.

33) Ibid., p. 805.

의미가 없으며 독립규제위원회에 대한 헌법적 공격은 사실은 정치적 공세에 불과하다고 보기도 한다.[34]

2. 기능주의적 권력분립 이론으로의 회귀

Bowsher 판결은 대법원이 다음 단계로 독립규제위원회를 겨누고 있음을 보여 준 것이고, 따라서 Humphrey's Executor 판결을 다시 검토하도록 할 것이라고 평가되었다.[35] 그러나 그 후에 대법원은 오히려 기능주의적 권력분립이론으로 회귀하는 성향을 보였다.

Bowsher 판결이 내려진 바로 그날 대법원은 기능주의적 권력분립 이론을 다른 판결에서 피력하였다. Commodity Future Trading Commission v. Schorr 사건[36]에서 대법원은 보통법에 근거한 청구를 행정위원회가 심판하도록 한 법률[37]은 법원이 갖고 있는 사법기능을 침해한 것이 아니라면서, 권력분립 원칙은 형식적 범주보다는 실질적 측면에서 검토되어야 한다고 판시하였다.

Schorr 사건에서 암시되었던 기능주의적 권력분립 이론에의 회귀는 2년 후의 Morrison v. Olson 판결[38]에서 이루어졌다고 평가된다.[39] 이 판결의 사안은 대략 다음과 같다.

---

34) Foote, supra note 20, p. 237.

35) Robinson, Independent Agencies : Form and Substance in Executive Prerogative, 1988 Duke L. J. 238, 238~239 (1988).

36) 478 U.S. 833 (1986).

37) The Commodity Exchange Act, 7 U.S.C. §§ 1~26 (1982).

38) 108 S. Ct. 2597 (1988).

레이건 행정부 초기에 있었던 환경보호처(EPA)의 유해폐기물 처리 프로그램을 둘러싼 스캔들(흔히 'Wastegate 사건'이라 불린다)을 조사하기 위하여 구성된 하원 소위원회의 자료요구에 대하여 레이건 대통령은 자료 제출을 거부했는데, 이 자료는 환경보호처가 저지른 불법적 행위를 포함하고 있음이 나중에 밝혀졌다. 하원 소위원회는 법무부 수뇌부가 자료제출 거부에 관련되었나를 조사하게 되었고, 하원은 정부윤리법(The Government Ethics Act)에 의거하여 특별검사(Independent Counsel)[40]를

39) Weigand Ⅲ, Morrison v. Olson : Renewed Acceptance For a Functional Approach To Separation of Powers, 16 Hastings Con. L. Q. 603 (1989).

40) 'Independent Counsel'은 '독립조사관'으로 번역될 것이지만 우리나라에서는 흔히 '특별검사'로 불리고 있다. 정부윤리법이 제정되어서 특별검사 제도가 생기게 된 것은 워터게이트 사건 도중에 특별검사(Special Prosecutor)로 임명되었던 하버드 로스쿨 교수 아치볼드 콕스가 닉슨 대통령의 명령에 의하여 파면된 데서 비롯된다. 백악관 녹음테이프의 제출을 강경하게 요구하였던 콕스를 파면하라는 닉슨의 명령에 대하여 당시 법무장관 리처드슨과 법무차관 러클사우스가 반대하여 사임하자 법무부 3인자이던 송무실장 로버트 보크에 의하여 결국 콕스는 파면되어서 닉슨에 대한 탄핵절차가 개시되는 계기를 제공하였다.

그 후 대통령의 공무원 임명권을 저해하지 않으면서도 행정부 고위공무원의 위법행위를 독자적으로 수사할 수 있는 제도를 만들고자 하는 노력이 결국 정부윤리법 제정으로 나타났다.

5년 여에 걸친 의회에서의 토론 끝에 제정된 정부윤리법은 법무장관이 행정부 고위공무원이 관련된 사건에 대한 수사가 필요하다고 판단하는 경우에 D.C. 연방항소법원의 특별부에 특별검사 임명을 요구할 수 있는데, 이렇게 임명된 특별검사는 해당 사건에 대하여 법무부와 똑같은 수사권과 기소권을 가지며 직무수행 부적절 등 법률에 규정된 경우에만 법무장관에 의하여 해임될 수 있도록 했다. Werhan, Toward an Eclectic Approach to Separation of Powers : Morrison v. Olson

임명했다. 특별검사로 임명된 알렉시아 모리슨은 법무차관보이던 시어도어 올슨 등이 하원의 조사를 방해하였나를 조사하였는데, 모리슨은 올슨 등에 대한 소환을 대배심에 요구하였다. 이에 올슨 등은 정부윤리법에 있는 특별검사 조항이 헌법에 위배된다고 주장하면서 소송을 제기했다.

연방지방법원은 이 법이 합헌이라고 하였으나[41] 연방항소법원은 헌법상의 대통령의 공무원 임명 조항과 권력분립 원칙에 위배되어 위헌이라고 판시하였다.[42] 연방대법원은 렌퀴스트 대법원장이 대표한 판결에서 연방항소법원의 판결을 번복하고 이를 합헌이라고 판시하였다. 이에는 스칼리아 대법관이 반대의견을 제출하였다.

렌퀴스트 대법원장은 정부윤리법 조항이 헌법에 위반된다는 주장의 근거로 제시된 세 가지 논거를 모두 배척하였다. 첫째, 대통령의 공무원 임명권 침해라는 주장에 대하여 특별검사가 법무장관에 의하여 해임될 수 있기 때문에 그는 법무장관의 하위 직원이며 따라서 상원의 동의 하에 대통령에 의하여 임명될 필요는 없다고 했다. 둘째, 법원이 특별검사를 임명하면 사법 업무를 '사건과 분쟁의 해결'로 국한한 헌법 제3조에 위반된다는 주장에 대하여, 정부윤리법은 헌법 제3조와는 별개로 사법적 임명을 허용하기 때문에 사법부가 행정권의 권한을 침해했다고 볼 필요는 없다고 하였다. 셋째, 무엇보다 정부윤리법이 결코 의회나 사법부로 하여금 집행부의 기능을 심각히 저해하도록 허용하지는 않기 때문에 권력분립 원칙에 위배되지는 않는다고 했다.

Examined, 16 Hasting Const. L. Q. 393, 410~413 (1989).

41) In re Sealed Case, 665 F. Supp. 56 (D.D.C. 1987).

42) In re Sealed Case, 838 F. 2d 476 (D.C. Cir. 1988).

결론적으로 렌퀴스트 대법원장은 이 사안에서 입법부와 사법부가 결코 행정부의 기능을 실질적으로 침해하지는 않는다고 했다. 헌법은 "3부가 분리될 것을 요구하면서도 또한 상호의존할 것을 요구하며, 독자성을 요구하는 동시에 상호성을 요구"하기 때문에 이 법률이 결코 정부의 3부 간의 균형을 파괴하는 것은 아니라고 하였다. 스칼리아 대법관은 반대의견에서 Chadha 판결과 Bowsher 판결을 따르는 형식주의적 접근 방법을 개진하면서 이 법률 조항이 위헌이라고 주장하였다. Olson 판결은 대법원이 기능주의적 입장에서 권력분립 원칙을 해석하고 있음을 보여준 것이다.[43]

3. 독립규제위원회의 위상

Olson 판결은 독립규제위원회에 대한 헌법적 심사의 가능성에 대하여 찬물을 끼얹는 것이었다.[44] 이렇게 해서 1980년대를 풍미하였던 형식주의적 권력분립 이론은 일단 막을 내렸다. 이에 따라 독립규제위원회에 대해 헌법적으로 도전하기 보다는 행정상 정책결정에 대한 정치적 통제를 기능적 측면에서 강화하는 방안,[45] 독립규제위원회의 정치적 책임성을 제고시키는 방안[46] 등 제도적 개선이 논의되었다. 독립규제위원회가 권력분립 원칙에 합치하는가 하는 문제는 대법원 판결로 종식되었지만 이를

43) Weingand Ⅲ, supra note 39, pp. 619~621.

44) Robinson, supra note 35, p. 238.

45) Ibid., pp. 250~251.

46) Verkuil, The Purpose and Limits of Independent Agencies, 1988 Duke L. J. 257, 275~279 (1988).

둘러싼 논쟁은 권력분립 원칙의 의미를 다시 한 번 생각해 보게 했다.

(〈고시행정〉 1990년 4월~5월호)

제 5 장

'입법적 거부'에 대한 미국 대법원의 위헌판결

Ⅰ. '입법적 거부' 제도

1. 의의, 유래 및 발전

'입법적 거부'('legislative veto')란 의회에 의하여 위임된 권한 하에서 행정 각부와 행정위원회(독립규제위원회)가 제정한 규칙(rules) 또는 행한 행정결정(decision)을 의회가 폐지하는 제도이다. 미국 의회가 이러한 입법적 거부권을 행사하는 데는 법률의 근거가 필요하다. 이를 허용하는 법률은 대부분 상·하원 중 어느 한 원(院)이 단순과반수 의결로 이를 행사할 수 있도록 하지만, 양원의 결의를 거쳐야 한다고 규정하는 경우도 있다.

입법적 거부는 행정 각부 또는 행정위원회에 광범한 행정 입법권과 재량적 결정권을 부여함과 동시에 의회가 이를 폐지할 수 있다고 법률에 규정한다면 의회는 행정각부와 행정위원회를 효과적으로 통제할 수 있을 것이라는 생각에 근거하고 있다. 대통령의 법률안 거부권(Presidential veto power)은 헌법에 의하여 인정된 것이지만 입법적 거부는 의회의 법률에 의하여 탄생된 것으로 헌법 제정자들이 예상했던 제도는 아니다. 대통령이 법률안을 거부한 경우에 의회는 상·하 양원의 각 2/3 이상의 결의로 이를 압도(override)할 수 있지만, 의회가 입법적 거부권을 행사하면 이는 최종적 효력을 갖는다.

입법적 거부는 1932년에 후버 대통령이 행정부 조직을 개편하는 광범한 권한을 의회로부터 부여 받으면서 이에 관한 대통령령은 의회의 어느 한 원에 의하여 거부될 수 있다고 규정한데서 유래한다.[1)] 1970년대 들어서 입법적 거부를 규정한 조항이 연방법률에 많이 포함되었다. 연방정부가 경제·사회·복지 분야에 깊이 개입하게 된 시기가 1960년대였음을 감안하면 1970년대에 제정된 법률에 입법적 거부 조항이 많이 포함된 것은 자연스러운 현상이다. 1983년 6월 기준으로 약 210개의 연방법률에 약 320개의 입법적 거부 조항이 있었는데, 210개의 법률은 정부예산 지출, 환경보전, 원자력 규제, 우주개발, 이민 등 연방정부의 규제권한이 닿는 거의 모든 분야를 포함하고 있었다. 하지만 의회가 실제로 입법적 거부권을 행사한 사례는 많지 않아서 과거 50년간 모두 230회에 불과하였다.

실제로 입법적 거부권이 행사된 분야는 몇몇 분야에 집중되어 있었다. 총 230회 중 111회는 이민법에 관하여서였고, 65회는 예산지출 동결에 관하여서, 그리고 24회는 행정부 조직 개편에 관하여서였다. 나머지 30회는 그 외 다양한 분야에 걸쳐서 거부

---

1) W. Gellhorn, C. Byse & P. Strauss, Administrative Law - Cases and Comments (7th Ed., 1980), p. 119.

권이 행사됐다. 그러나 행정 각부와 행정위원회의 결정이 의회에 의해 거부될 수 있다는 사실 자체가 입법부와 행정 각부 및 행정위원회 사이의 세력균형에 변수로 작용했음은 물론이다.[2)]

2. 문제점

입법적 거부라는 헌법이 예기치 않은 제도가 탄생한 것은 위임입법(delegated legislation)의 비약적인 증가와 맥을 같이한다. 위임입법에 있어서 가장 중요한 원칙은 의회가 행정 각부와 행정위원회에 입법권을 위임하는 경우에 최소한 의미 있는 정책기준(policy standards)을 정해 주어야 한다는 것이다. 이른바 '백지위임'으로 인해서 실질적인 입법권이 국민의 대의기관이 아닌 행정부와 행정위원회에 의하여 행사되는 것을 방지하고자 한 것이다. 그러나 실제에 있어서 이러한 '기준 이론'은 지켜지지 않았고, 지킬 수도 없었다. 저명한 행정법학자 케네스 C. 데이비스는 "기준(standard)에 입각한 종래의 위임입법 이론은 완전한 실패"라고 단언하였다.[3)] 법원이 사실상 백지위임이나 다를 바 없는 입법권의 광범한 위임도 위헌으로 판시하기를 거부하였기 때문이었다.[4)]

위임입법에 있어서 어느 정도의 기준이 '의미있는 기준'

---

2) Smith and Struve, Aftershocks of the Fall of the Legislative Veto, 69 A. B. A. J. 1258 (1983).

3) Davis, A New Approach to Delegation, 36 U. Chicago L. Rev. 713 (1969).

4) 연방대법원은 1935년의 Panama Refining Co. 판결과 Schechter Poultry Co. 판결 이후 위임입법을 위헌으로 판시한 적이 없다. B. Schwartz, Administrative Law (1976), pp. 35~40 참조.

(meaningful standards)인가를 판단하기는 어렵다. 이러한 결과로 실질적 의미에서 입법권은 의회로부터 행정 각부와 행정위원회에 이전되었고, 이에 따라 대의기관이 아닌 이러한 기관이 입법권을 행사하는 데 대해 많은 의구심이 제기되었다.

입법적 거부는 이러한 공백을 채우기 위한 중요한 도구로 등장했다.[5] 입법적 거부는 "입법자로서의 의회의 헌법적 권한을 확보하는데 극히 중요한 역할을 하며"[6], "의회가 자신이 만든 법률에 천명된 정책이 준수되도록 통제할 수 있는 가장 효과적인 수단"[7]이라고 평가되었다.

입법적 거부는 헌법 원칙과 운영상의 관점에서 비판의 대상이 되었다. 입법적 거부에 대한 가장 중요한 비판은 이것이 권력분립 원칙에 위배된다는 것이었다. 입법적 거부 제도는 대통령의 법률안 거부권을 침해하며, 행정부와 사법부의 권한을 의회가 부당하게 침해하는 결과를 초래한다는 것이다. 법률은 상·하 양원의 찬성과 대통령의 동의를 얻어야 제정된다. 대통령이 법률안에 대해 거부권을 행사하는 경우에는 상·하 양원이 각각 2/3의 결의로 재의결해야만 비로소 법률이 되는데, 상·하 양원 중 어느 한 원만의 결의로 의회가 행정 각부나 행정의원회의 조치를 거부한다면 그것은 헌법이 천명한 양원제 원칙(bi-cameralism)

---

5) Bruff and Gelhorn, Congressional Control of Administrative Regulation: A Study of Legislative Vetoes, 90 Harv. L. Rev. 1369, 1372~1373 (1977).

6) Abourezk, The Congressional Veto: A Contemporary Response to Executive Encroachment on Legislative Prerogatives, 52 Ind. L. J. 323, 327 (1977).

7) Javits and Klein, Congressional Oversight and Legislative Veto: A Constitutional Analysis, 52 N. Y. U. L. Rev. 455, 463 (1977).

과 입법에 있어서의 대통령의 역할을 침해한다는 것이었다. 또한 의회가 행정 각부나 행정위원회가 제정한 규칙에 대해 거부권을 행사하면 그러한 규칙의 합법성 여부를 판단하는 것과 동일한 결과를 가져오기 때문에 의회가 사법권을 행사하는 격이라는 비판도 있다.8)

입법적 거부는 합헌성 여부를 떠나서 실제 운영에서 다음과 같은 비판을 받았다. 첫째, 입법적 거부 제도는 그렇지 않아도 지연되고 있는 규칙제정(rule-making)을 더욱 지연시킨다는 것이다. 입법적 거부가 인정되는 행정규칙은 의회가 거부를 의도하든 아니하든 간에 일단 의회에 회부되어야 하기 때문이다.

둘째, 의회가 실제로 입법적 거부를 고려하는 경우에 행정위원회와 의회의 소관 상임위원회는 예리하게 대립하기 마련이고, 이로 인해 행정의 지연을 초래한다는 것이다. 이런 사실을 잘 아는 행정위원회는 입법적 거부를 피하기 위하여 규칙제정(rule-making)보다는 재결(adjudication)을 정책집행 수단으로 채택하는 경향이 있으며 이로 인해 행정위원회는 개별적으로 재결을 해야 하기 때문에 업무량이 늘어나서 행정이 더욱 지연된다는 것이다.

셋째, 입법적 거부는 의회의 업무량을 증가시킨다는 비판이 제기되었다. 의회 상임위원회의 의원들 전원이 어떤 사안에 관심을 갖는 경우는 드물기 때문에 대개의 경우 1~2명의 의원의 뜻에 좌우되어 입법적 거부가 추진되며, 심한 경우는 몇몇 의원 보좌관들에 의하여 이런 과정이 실질적으로 추진되기도 한다는 것이다.

---

8) Bruff and Gelhorn, supra note 5, pp. 1373~1374.

넷째, 입법적 거부는 행정위원회에 대한 사법통제(judicial control)를 약화시키고 혼란시킨다는 비판이 제기되었다. 법원은 의회의 결정을 대의기관의 정책적인 결정으로 보고 이것을 사법적으로 번복하기를 꺼리는 경향이 있다. 그래서 입법적 거부를 당하지 않은 행정규칙과 결정은 이론적으로 의회의 심사를 통과한 것이기 때문에 법원은 이에 대한 사법심사를 회피하는 경향이 있다. 이런 결과로 입법적 거부 제도는 행정위원회에 대한 사법통제를 약화시키는 중대한 결점이 있다고 비판되었다.[9]

이러한 논쟁이 있었음에도 연방법원이 이에 대한 판단을 쉽게 하리라고는 기대되지 않았다. 입법적 거부는 50년이나 유지되어 왔으며 무려 210개의 연방 법률이 채택하고 있기 때문에 입법적 거부는 미국의 헌법과 행정법의 체계에 이미 깊이 뿌리박고 있는 것으로 생각되었다. 하지만 1983년 6월 23일, 연방대법원은 입법적 거부 제도를 위헌으로 판결하였다.

9) Ibid., pp. 1378~1381.

Ⅱ. 연방대법원의 위헌판결 : Immigration and Naturalization Service v. Chadha[10)]

1. 사건의 개요

쟈그디시 차다는 케냐에서 출생·성장한 동(東)인도인으로 영연방(British Common Wealth)의 여권을 갖고서 학생비자를 얻어 1966년에 미국에 입국하였다. 그의 학생 비자는 1972년 6월 30일에 만기 실효되었으나 차다는 출국하지 않았다. 그는 미국에 불법체류하기로 한 것이다. 차다는 자신이 케냐 국적을 신청하지 않았기 때문에 케냐에 입국할 수도 없었고, 영(英)연방 여권을 갖고 있던 그와 유사한 처지의 다른 인도인들이 영국에 입국하는 것도 사실상 어려움을 알았기 때문이다. 1973년 미국 이민국은 차다에게 그가 정당한 사유를 제시하지 못하는 한 국외로 추방될 것을 통고하였다. 이러한 상황에서 차다가 취할 수 있는 방법은 이민법 제244조에 의하여 추방 유예를 허용 받는 것이었다.

이민법 제244조는 차다와 같은 불법체류자라 할지라도 (i) 그가 미국에 7년 이상 살아 왔으며, (ii) 좋은 도덕률의 소지자이며, (iii) 추방이 극도의 곤란함을 초래할 경우에는 법무장관은 추방을 유예할 수 있다고 규정한다. 법무장관의 이러한 권한은 이민심판관[11)]에 위임되어 있다. 차다는 이 조항에 의거하여 이

10) 103 S. Ct. 2764 (1983).

11) 이민심판관(INS Judge)은 일반공무원(civil servant)이지만 정치적 영향으로부터의 독립을 보장받고 있다.

민심판관에게 추방 유예를 청원하였다. 차다의 청원을 심사한 이민심판관은 차다가 이 조항의 혜택을 받을 것이라고 판시해서 그에 대한 추방을 유예시켰다.

이 조항은 입법적 거부 조항을 두고 있었다. 추방을 유예한 이민심판관의 결정은 의회에 회부되어야 하며, 회부된 후 2회기 내에 상·하원의 어느 한 원도 이를 폐지하지 않는 경우에만 효력을 발휘하게 되어 있었다. 상·하원 중 어느 한 원이 2회기 내에 입법적 거부권을 행사하면 이민심판관의 추방유예 결정은 실효하는 것이었다.

차다에 대한 추방유예 결정이 내려진 후 의회의 2회기가 거의 다 지나갈 무렵인 1975년 12월, 하원은 차다와 다른 5명에 대한 추방유예 결정을 폐지하는 결의를 통과시켰다. 차다 등에 대한 추방유예 결정이 하원에 의하여 입법적으로 거부된 것이다. 하원의 이와 같은 결의에 따라서 이민심판관은 차다 등에 대하여 추방명령을 내렸다.

미국 영주의 꿈이 마지막 순간에 무산된 차다는 의회의 입법적 거부 절차가 헌법에 위배된다고 주장하면서, 자신에 대한 추방명령을 내린 이민국을 상대로 제9항소법원에 항소하였다. 5년간의 소송 끝에 제9항소법원은 입법적 거부 조항이 헌법상 권력분립 원칙에 위반된다면서 차다를 지지하였다.[12] 제9항소법원에서의 소송절차에서 피고로 지명된 이민국도 입법적 거부 조항이 헌법위반이라고 주장하였다. 반면에 상원과 하원이 해당 조항이 합헌이라면서 독립당사자로서 소송에 참가했기 때문에 이 소송은 결국 차다와 의회 사이의 소송이 되고 말았다. 의회가

12) Chadha v. INS, 634 F. 2d 408 (9th Cir., 1980).

불복·상고하여서 연방대법원이 심리하게 되었다. 1983년 6월 23일, 연방대법원은 제9항소법원의 판결을 지지하여 입법적 거부를 위헌으로 판시하였다.13)

2. 연방대법원의 판결요지

연방대법원의 판결은 워렌 버거 대법원장에 의하여 쓰여졌는데 5명의 대법관(브래넌, 마셜, 블랙먼, 스티븐스, 오코너)이 동조하였다. 파월 대법관은 별개의 찬동의견을 제출하여 다수의견에 찬성하였고, 화이트 대법관과 렌퀴스트 대법관은 각각 반대의견을 발표하였다.

버거 대법원장이 대표한 다수의견은 헌법 제1조의 양원 조항("법률안은 양원을 통과하여야 한다")과 대통령에의 회부 조항("법률안은 양원을 통과한 후 대통령이 서명하여야 하며, 대통령이 이를 거부하는 경우 양원은 각기 2/3 이상의 결의로 법률안을 확정할 수 있다")의 중요성을 강조하였다. 법률안은 양원을 모두 통과하여야 하며 대통령에게 회부되어 서명되거나, 또는 대통령이 거부하는 경우에는 상·하 양원이 각기 2/3의 찬성으로 재의결하여야만 법률이 되는 것이다.

따라서 버거 대법원장은 어느 한 원만의 결의로써 입법행위를 할 수 있게 한 법률은 헌법에 위반된다고 했다. 입법적 거부가

---

13) INS v. Chadha, 103 S. Ct. 2764 (1983). 이 판결에 대한 평석으로는 Note, The Supreme Court, 1982 Term, 97 Harv. L. Rev. 1, 185~193 (1983); Strauss, Was There a Baby in the Bathwater? A Comment on the Supreme Court's Legislative Veto Decision, 1983 Duke L. J. 789 (1983).

입법행위인가에 대해, 버거 대법원장은 "의회의 모든 행위는 입법적 행위로 추정된다"고 했다.("any Congressional action is presumptively legislative"). 버거 대법원장은 "이민법에서의 입법적 거부는 의회 밖에 있는 법무장관, 행정부 직원, 그리고 차다의 권리, 의무 및 관계를 변화시키는 목적과 효과를 가지고 있어 본질적으로 입법적"이라고 했다. 그는 "만일에 입법적 거부 조항이 없었더라면 차다에 대한 추방 조치는 의회의 법률에 의해서만 이루어질 수 있기 때문에 입법적 거부는 본질적으로 입법적"이라고 했다. 요약하면, 이 건에서의 입법적 거부는 입법적 행위인데, 이 같은 입법적 행위를 상·하원 중 어느 한 원의 결의만으로써 가능케 함으로써 양원제 원칙과 대통령에게 법률안을 회부하도록 한 권력분립 원칙을 파괴했다는 것이다.[14]

파월 대법관은 다른 근거에서 문제의 조항을 위헌으로 판시하였다. 파월 대법관은 "특정한 사람이 제정법상의 요건을 충족하느냐를 의회가 판단토록 하는 것은 결국 의회에 의한 재판(trial by legislature)으로 사법부의 권한을 박탈하는 효과가 생기기 때문에 권력분립 원칙에 위배된다"고 하였다. 입법적 거부는 법원의 기능을 박탈하는 것이라서 위헌이라는 것이다.[15]

렌퀴스트 대법관은 입법적 거부 조항의 위헌 여부에 앞서서 "이민법 제244조의 입법적 거부 조항은 다른 조항과 분리해서 판단할 수 없다"면서, 반대의견을 제출했다.[16]

보다 주목할 만한 반대의견은 화이트 대법관에 의하여 개진되었다. 화이트 대법관은 "현대 행정국가는 헌법 이론을 매우 유

---

14) 103 S. Ct. 2764~2788.

15) 103 S. Ct. 2788~2792.

16) 103 S. Ct. 2816~2817.

연하게 해석할 것을 요구한다"고 전제하고, "양원제 원칙과 대통령의 법률안 서명권은 의회가 새로운 법률을 제정할 때에는 적용되지만 입법적 거부는 본질적으로 입법권의 행사가 아니다"고 주장하였다. 입법적 거부는 법률의 근거가 있어야 행사할 수 있고, '거부'라는 부정적(negative) 결과를 가져 오기 때문에 입법적 거부는 입법(lawmaking)이 아니라는 주장이다. 그는 "양원주의(bi-cameralism)와 대통령에 회부(presentment)되어야 한다는 헌법 제1조가 입법적 거부를 위헌으로 판단할 근거는 되지 못한다"고 지적했다. 그는 또한 "'모든 입법적 행위(legislative act)는 헌법 제1조의 요건을 갖추어야 한다'는 버거 대법원장의 주장은 입법권이 행정부에 위임되어 왔으며, 입법권의 위임이 법원에 의하여 지지되어 왔다는 사실을 무시하는 것"이라고 했다. 요컨대, 의회가 행정부 또는 행정위원회에 입법권을 위임하는 것이 합헌이라면, 행정부와 행정위원회의 행정상 입법권을 통제하기 위한 입법적 거부도 합헌이라는 것이다.[17]

3. 판결의 영향

차다 판결은 단지 이민법의 입법적 거부 조항을 무효화한데 그친 것이 아니라 다른 수많은 법률에 산재해 있는 입법적 거부 조항들도 무효화하는 결과를 초래하였다. 차다 판결이 있은 후 불과 2주일 만에 연방대법원은 연방거래위원회(Federal Trade Commission: FTC)와 연방에너지규제위원회(Federal Energy Regulatory Commission: FERC)의 규칙을 의회가 폐지할 수

17) 103 S. Ct. 2792~2816.

있도록 한 입법적 거부 조항을 위헌으로 판시한 컬럼비아 지구 연방항소법원의 판결을 인정하였다. FTC와 FERC는 행정위원회이며, 특히 FERC에 관한 입법적 거부는 양원의 의결이 필요함에도 이를 위헌으로 판결해서 결국 모든 입법적 거부가 위헌이라는 결론을 다시 한 번 확인해 주었다.

이 결과로 무려 210개의 연방법률에 산재해 있는 320개의 조항이 효력을 일시에 상실했다.

Ⅲ. 비판과 전망

버거 대법원장이 대표한 다수의견은 이제까지의 권력분립 이론에 대한 접근방법으로부터의 급격한 이탈임이 틀림없다.[18] 컬럼비아 로스쿨의 피터 슈트라우스 교수는 입법적 거부를 행정부, 특히 대통령을 견제하고자 하는 입법적 거부('political veto')와 일반국민의 권익에 관계되는 규제적 행정에서의 입법적 거부('regulatory veto')로 구분하여 전자, 즉 정치적 목적의 입법적 거부는 헌법상 허용될 수 있다고 주장한다. 말하자면, 의회와 대통령과의 관계에서 의회가 대통령에 대한 견제책으로 입법적 거부권을 행사하는 것은 합리적이라는 것이다. 예산법안, 또는 정치적 법안이 이러한 경우인데, 이런 법안은 사법심사의 대상이 되지 못하기 때문에 의회에 대한 효과적인 견제가 요구된다. 그러나, 행정위원회의 규칙제정 같이 대통령의 개입이 배제되어 있고, 일반국민 및 관련된 민간인 당사자의 법익이 직결되어 있는 경우에 의회가 입법적 거부권을 행사하는 것은 바람직하지 않고 위헌일 수도 있다고 보는 것이다. 이러한 경우는 법원에 의한 사법심사가 가능함에도 불구하고 의회의 정치적 결단인 입법적 거부로 인해 사법심사 기회를 배제 당하게 되어 부당하다는 주장이다.

하지만, 슈트라우스 교수도 인정하듯이, 이 이론의 맹점은 많은 경우에 어떠한 사안이 정치적 사항인지, 혹은 규제적 사항인

18) Note, The Supreme Court, 1982 Term, 97 Harv. L. Rev. 1, 189 (1983).

가가 모호한 데 있다.[19] 슈트라우스 교수는 "정부 밖에 있는 사람의 법적 권리, 의무 및 관계를 변화시키는 목적과 효과를 가져 오는 정부작용에 대한 입법적 거부는 인정될 수 없다고 한 차다 판결의 문구에 비추어 볼 때, 일반국민의 권익과 무관한 정치적 목적의 입법적 거부(political veto)는 살아남는 것으로 해석될 수도 있다"고 조심스럽게 결론내렸다.[20]

그러나, 차다 판결은 여하한 형태의 입법적 거부도 위헌으로 판시한 것으로 평가되고 있다. 이 판결은 의회에 큰 충격을 주었으며, 더 나아가 미국의 정치과정에 영향을 줄 것으로 예상되고 있다.

차다 판결 직후 의회는 나름대로의 대안을 강구하였다. 가장 극단적인 의견은 헌법 개정을 통하여 입법적 거부를 명문으로 인정하거나, 행정위원회의 규칙제정 권한을 아예 박탈하자는 것이나 별다른 지지를 얻지 못했다. 몇몇 상·하원 의원들은 모든 행정상 입법은 일정한 기간 내에 의회에 제출하도록 하여 의회가 정식의 입법절차로서 입법화하거나 취소시킬 수 있도록 하자는 법률안을 제출하기도 했다.[21]

이러한 입법적 조치가 없더라도 의회의 각 상임위원회는 소관 행정청과 행정위원회에 대한 감독청문(oversight hearings)을 강화하고 예산 집행을 강력하게 통제하는 등 정치적 수단을 동원할 수 있다. 또 한편으로 입법적 거부권을 박탈당한 의회는 행정부와 행정위원회에 행정입법권을 위임하기를 주저할 것이며, 가능한 한 세부입법을 하려고 시도할 것인데 이렇게 되면

19) Strauss, supra note 13, pp. 812~818.

20) Ibid., p. 819.

21) Smith and Struve, supra note 2, p. 1261.

행정의 유연성이 상실될 우려가 있다.

입법권이 위임된 것은 의회가 상세한 입법을 할 여유와 능력이 없으며, 전문적이고 기술적인 사항은 행정 각부나 행정위원회의 행정상 입법에 맡기는 것이 국민의 복지에 이바지한다는 합리적인 사고에 근거한 것이다. 그렇지 않아도 의회의 입법과정은 너무 지연되고 복잡하다는 비판이 있는데, 의회로 하여금 세부입법을 하라는 것은 불가능한 기대일 따름이다.

그렇다면 행정부와 행정위원회의 위임입법은 어떻게 통제될 수 있을 것인가? 이에 대하여는 "의회가 입법권을 행정부와 행정위원회에 위임할 때 '적절하고도 의미있는 기준'(adequate and meaningful standards)을 법률로 정하여야 하며, 법원은 행정부와 행정위원회의 위임입법이 모법(母法)인 법률에 위배되는가를 보다 적극적으로 심사하여야 한다"는 기본적인 답 밖에는 나오지 않는다.[22] 과거에 입법적 거부가 행사된 경우는 많지 않으며 또한 몇 가지 분야에 국한되어 있음을 감안한다면, 차다 판결의 실제적 충격은 생각보다는 크지 않을 수 있다.

(〈고시계〉 1984년 10월호)

22) 입법권 위임에 있어서 기준의 중요성을 강조한 견해로는 Wright, Beyond Discretionary Justice, 81 Yale L. J. 575 (1972).

제 6 장

미국 대통령의 전쟁권

Ⅰ. 미국 헌법에서의 전쟁권한

1. 서설

대통령의 독자적인 전쟁 수행과 해외에서의 군사행동은 미국 건국 초부터 논쟁을 일으켜 왔다. 하지만, 대통령의 전쟁 수행이 크게 문제가 된 계기는 베트남 전쟁이었다. 베트남 전쟁의 양상이 사실상 미국의 패배로 기울자 미국민들은 "왜 미국이 이 전쟁에 휘말려들었나"하고 반문하게 되었고, 의회는 "다시는 대통령의 단독 결정으로 미국이 해외 전쟁에 개입해서는 아니 되겠다"고 생각하게 됐다. 이러한 결과로 탄생한 것이 1973년에 의회가 통과시킨 '전쟁권 결의'(The War Powers Resolution)이다.

'전쟁권 결의'는 처음부터 합헌성 여부를 두고 말이 많았고, 급변하는 국제정세와 군사적 위기상황에 미국이 신속하고 유연하게 대응하지 못하게 되는 결과를 초래할 것이라는 우려가 제기되었다.

2. 헌법의 전쟁권 조항과 헌법 제정자의 의도

미국 헌법은 전쟁권(war power)에 관하여 모호한 조항을 두고 있을 뿐이다. 헌법은 대통령과 의회가 전쟁에 관한 권한을 같이 행사하도록 하고 있다. "의회는 전쟁을 선포하고(declare war) 전비(戰費)를 조달하며, 이를 위하여 필요한 법률을 제정할 수 있으며"[1], "대통령은 군(軍)의 총사령관(Commander-in-Chief)이며"[2] "합중국 법률이 성실하게 집행되도록 할 책임이 있다"고 헌법은 규정한다.[3] 따라서, 문언상으로는 전쟁권한에 있어 중요한 비중이 의회에 있는 것으로 보이는데, 전쟁을 선포하는 권한이 의회에 있기 때문이다.

미국 헌법 제정 당시의 기록에 의하면 헌법 초안은 "의회는 전쟁을 할 권한을 가진다"("The Congress should have the power …… to make war")라고 되어 있었으나 제임스 매디슨과 엘브리지 게리가 'make'를 'declare'로 대체하였다고 한다. 이들은 "대통령이 의회와 협의하지 않고도 적의 급작스런 공격(sudden attack)을 격퇴할 수 있어야 한다"고 생각했던 것이

1) U.S. Constitution, Art. 1 §8.

2) U.S. Constitution, Art. 2 §2.

3) U.S. Constitution, Art. 2 §3.

다.[4] 하지만 이 조항이 대통령에게 독자적인 전쟁수행권을 부여한 것은 아님은 당시 기록으로 볼 때 분명했다.

"대통령은 군(軍) 총사령관(Commander-in-Chief)"이라고 규정한 헌법 제2조에 관하여 헌법제정회의는 아무런 기록도 남겨놓지 않았다. 그러나, 헌법안의 인준을 촉구하기 위하여 발표된 〈연방주의론〉(The Federalist Papers)에서 알렉산더 해밀턴과 제임스 매디슨은 "총사령관으로서의 대통령은 단지 군을 지휘하는 것이지 결코 독자적으로 전쟁을 수행할 수는 없다"고 서술하였다.[5] 헌법 제정자들은 의회가 선포한 전쟁을 대통령이 군을 지휘하여 수행하는 것으로 상정했던 것이다.[6] 그러나, 건국 초기부터 헌법 관행은 원래 의도와는 다른 방향으로 발전해 갔다.

3. 대통령에 의한 전쟁

건국 초기부터 대통령들은 의회의 선전포고가 없이 사실상 전쟁을 수행하였다. 조지 워싱턴 대통령은 의회의 승인이 없이 워배시 인디언에 대하여 공격적인 전쟁 조치를 취했다. 존 애덤스 대통령은 1800년에 프랑스에 대하여 '선언되지 않은 전쟁정책'을 수행하였는데, 의회는 선전포고가 없는 사실상의 군사행위를 인정했으며 연방대법원은 "의회의 선전포고가 없어도 전쟁행위

---

4) A. Sofaer, War, Foreign Affairs and Constitutional Power (1976). pp. 31~32; Lofgren, War Making Under the Constitution - The Original Understanding, 81 Yale L. J. 672, 675 (1972).

5) No. 25, No. 41, No. 69 of The Federalist Papers (C. Rossiter, ed., 1961).

6) L. Henkin, Foreign Affairs and the Constitution (1972), p. 50.

를 승인할 수 있다"고 판시하였다.[7)]

토머스 제퍼슨 대통령은 임기 초에는 의회의 사전승인이 없이 전쟁행위를 하기를 주저하였다. 이에 대하여 알렉산더 해밀턴은 "타국의 공격에 대해선 의회의 사전승인 없이도 대통령이 독자적으로 전쟁권을 발동할 수 있다"면서 제퍼슨의 태도를 비난하였다.[8)] 제퍼슨은 군 총사령관으로서 권한을 십분 행사하였고, 이에 따라 대통령이 대외적으로 확고한 지도자로 등장한 계기는 제퍼슨부터라고 평가된다.[9)]

1812년 미·영 전쟁은 미국 의회가 최초로 선전포고를 한 전쟁이었으나, 전쟁정책은 대통령에 의하여 주도되었다.[10)] 1846년, 포크 대통령은 코퍼스 크리스티와 리오 그란데 강 사이의 멕시코와의 분쟁지역에 의회의 동의 없이 미군을 진격시켰다. 그는 미군 지휘관에게 멕시코 군이 공격할 경우에는 리오 그란데 강을 건너서 진격하라고 명령하였는데, 의회는 멕시코에 대한 선전포고를 나중에 해서 이 같은 군사 명령을 사후에 승인하였다.[11)] 남북전쟁 당시 링컨 대통령은 의회의 선전포고 없이 남부 주에 봉쇄를 명령하였는데, 연방대법원은 링컨의 이러한 조치를 지지했다.[12)]

20세기 들어서 대통령은 의회의 선전포고 없이 일방적인 전

---

7) Bas v. Tingy, 4 U.S. 37, 39 (1800) ; A. Sofaer, supra note 4, pp. 129, 164~166.

8) Note, Congress, the President, and the Power to Commit Forces to Combat, 81 Harv. L. Rev. 1771, 1779 (1968).

9) A. Sofaer, supra note 4, pp. 224~227.

10) Ibid., p. 279.

11) Note, supra note 8, p. 1780.

12) Prize Case, 67 U.S. 635 (1863).

쟁행위를 수시로 감행하였다. 1903년에 시어도어 루스벨트 대통령은 중립을 수호한다는 명목 하에 파나마에 미군을 파견하였는데, 미군은 결국 콜롬비아 군과 전투를 하였다. 태프트 대통령과 윌슨 대통령은 아이티, 도미니카, 그리고 니카라과에 의회의 동의 없이 군대를 투입했고, 윌슨 대통령은 퍼싱 장군으로 하여금 판초 비야 민병대를 추적하여 멕시코 영토 깊숙이 진격하도록 지시하였다.[13)]

제1차 세계대전은 정식 선전포고가 있었던 전쟁이었다. 제2차 세계대전도 역시 정식 선전포고가 있었던 전쟁이었다. 프랭클린 루스벨트 대통령은 선전포고가 있기 전에 독자적 판단으로 대서양 전쟁에 미국을 참가시켰다. 루스벨트 대통령은 행정협정으로 퇴역한 구축함 선단을 영국에 양도했고, 그린랜드와 아이슬란드에 미군을 파견했으며, 그리어호(號) 사건[14)] 후에 서경 26° 서측에서 발견되는 독일과 이탈리아의 선박을 무차별 격침할 것을 선포했다. 이처럼 독일과 이탈리아가 미국에 선전을 포고하기 전에 미국은 이미 전쟁상태로 돌입하였다. 루스벨트 대통령은 이러한 과정에서 의회의 승인을 구하지 않았다.

1950년 트루먼 대통령은 의회의 승인이 없이 미군을 한국에 파병하여 전투에 참가시켰는데, 트루먼 대통령은 이것이 "전쟁행위가 아니고, 군(軍) 총사령관으로서의 경찰행위(police action)

---

13) Franck, After the Fall : The New Procedural Framework for Congressional Control Over the War Power, 71 A. J. I. L. 605, 610 (1977).

14) 미 구축함 그리어 호가 독일 잠수함의 위치를 탐지하여 영국 해군에 통보하여 영국의 전투기가 독일 잠수함을 공격하자 독일 잠수함이 그리어 호를 어뢰로 공격한 사건.

한국전쟁 파병에 서명하는 트루먼 대통령

이며 UN 안보이사회의 결의로서 정당화된다"고 주장했다. 아이젠하워 대통령은 타이완과 수에즈 운하의 위기 상황에 군사적으로 개입하기 전에 의회의 동의를 구하였다. 하지만, 1958년에 레바논에서 내란이 발발하자 아이젠하워 대통령은 해병대원 1,400명을 의회의 동의 없이 상륙시켰다.[15]

케네디 대통령과 존슨 대통령은 외국에 자주 미군을 파견하였다. 케네디 대통령은 CIA가 주도한 쿠바 침공 작전(피그스 만 침공 사건)을 독자적으로 승인했고, 소련 미사일 위기 때는 쿠바에 대한 해상봉쇄를 명령했다. 쿠바 해상봉쇄에 관하여 케네디 대통령은 상·하원의 합동결의와 미주 국가기구(O.A.S.)의 결의를 근거로 들었다. 1965년에 존슨 대통령은 22,000명의 해병대 병력을 도미니카 공화국에 상륙시키면서 미주 국가기구 헌장이 채택한 리우 조약을 근거로 들었다. 케네디 행정부 시절부터 점차 확대되기 시작한 미국의 베트남 개입은 존슨 대통령에 의하여 더욱 확대되었다. 존슨 대통령은 베트남에 대한 군사개입의 법적 근거로 미군 총사령관으로서의 대통령의 권한과 의회의 '통킨만(灣) 결의',[16] 그리고 동남아 조약기구를 들었다.[17]

---

15) Note, supra note 8, pp. 1791~1793.

16) 이 결의는 1964년 8월, 통킨 만의 공해상에서 미 해군 함정이 북 베트남 어뢰정으로부터 공격을 받은 후 통과된 것으로, 하원은 만장일치로, 그리고 상원은 88 대 2로 북 베트남에 대한 전쟁행위권을 대통령에게 백지수권하였다.

미국의 대외 군사개입 역사는 비슷한 법적 패턴을 보여주고 있다. 대통령은 의회의 선전포고 없이 사실상의 전쟁행위를 하여 왔으며, 의회는 사후에 이를 추인하여 온 것이다. 1971년까지 미국은 192개의 선전포고 없는 군사행동을 경험하였으며 단 5회의 선전포고가 행하여진 전쟁을 경험했다.[18] 오히려 선전포고가 없는 전쟁이 보편화하였다고 할 수 있겠는데, 에이브러햄 체이스 교수는 "1789년 시점에서도 선전포고는 이미 사문화(死文化)한 제도"라고 의회에서 증언하였다.[19]

사실 핵 시대에 선전포고를 하는 전쟁은 이미 효용성을 상실했다. 신속한 군사적 개입이 요구되는 국지적 분쟁에 대해서도 선전포고는 무용지물(無用之物)이다. 루이스 헨킨 교수는 "현대와 같은 즉시전(卽時戰) 시대에는 대통령이 적(敵)의 핵 공격이 급박하다고 판단하는 경우에 선제공격을 할 수 있는 권한을 가져야 한다"고 주장했다.[20] 이처럼 의회에 의한 선전포고란 이미 구(舊)시대의 유물이 되고 말았으며, 대통령은 군(軍) 총사령관으로 군을 투입하고 이때마다 집단안전보장 체제의 유지, 재외국민 보호, 정당방위 같은 정당화 이론을 들어서 자신의 독자적 행동을 합리화 시켰다. 이런 결과로 대통령은 거의 독점적인 전쟁권한을 장악하게 되었고 전쟁에 관한 의회의 영향력과 중요성은 감소하였다. 이러한 추세에도 불구하고 1960년대 초까지만

---

17) J. Nowak, R. Rotunda & J. Young, Constitutional Law (2nd Ed. 1983), p. 213.

18) Emerson, War Power Legislation, 74 W. Va. L. Rev. 53, 112 (1971).

19) Statement during Congressional Hearing, 91st Cong,. 1st Sess. (1970).

20) L. Henkin, supra note 6, p. 52.

하여도 의회 지도자들은 이 같은 대통령의 전쟁권에 이의를 제기하지는 않았다.21)

대통령의 전쟁권한에 대한 비판과 반(反)작용은 1960년대 말부터 의회에서 나타나기 시작하였다. 의회가 다시 그들의 고유권한을 회복하려고 한 것인데, 이는 베트남 전쟁에 대한 반성에서 비롯된 것이었다.

---

21) 대표적인 예를 윌리엄 풀브라이트 상원의원의 다음과 같은 주장에서 볼 수 있다 : "대통령은 군의 총사령관으로 평화와 전쟁이 순간에 좌우될 수 있는 현 세계에서 군사적 결정을 내릴 수 있는 전적인 책임을 지고 있으며, 또한 대통령은 외부세계에 대하여 미국을 대표한다. …… 따라서 1960년대에 18세기 절차의 사치를 누릴 수는 없다." Fulbright, American Foreign Policy in the 20th Century Under 19th Century Constitution, 47 Cornell L. Q. 1, 3~7 (1961).

II. '전쟁권 결의'(The War Powers Resolution of 1973)

1. 배경

1968년 초에 있었던 북 베트남군의 구정(舊正) 대공세를 계기로 베트남 전쟁에 대한 미국내 여론은 회의(懷疑)와 반대로 급변했고, 존슨 대통령은 북 베트남에 대한 폭격을 중단하고 대통령 선거 불출마를 선언하였다. 그해 11월 선거에서 공화당이 승리했으며, 새로 대통령으로 당선된 리처드 닉슨은 이 '미국의 고민'을 인계받게 됐다.

베트남 전쟁이 한창이던 1967년 상원 외교분과위원회(위원장은 J. 윌리엄 풀브라이트 의원)는 '대통령의 전쟁권에 관한 보고서'를 발표하였다. 이 보고서는 근래의 대통령들(존슨, 케네디, 트루먼, 루스벨트)이 거의 무제한한 독자적 전쟁권을 행사하여 왔음을 지적하고, 의회가 전쟁권한을 회복할 것을 강력히 촉구하였다.[22)]

1969년부터 의회는 대통령에 의하여 독단적으로 이루어져 왔던 대외전쟁수행을 새로운 법률로서 견제하고자 하였다. 1969년 상원은 "미군의 해외 파병은 조약, 법률 또는 상·하 양원의 합동결의를 통하여 의회와 행정부가 공동적 조치로서만 취하여 질 수 있다"는 결의를 채택하였다. 이 결의는 하원을 통과하지 못하였기 때문에 법률로서의 효력을 갖지는 못하였다.[23)]

---

22) National Committments, Sen. Rep. No. 797, 90th Cong. 1st Sess. (1967); G. Gunther, Constitutional Law (10th Ed. 1980), pp. 416~422.

23) Senate Resolution No.85, 91st Cong. (1969).

베트남 전쟁시 미군 폭격기 B-52

1971년 1월, 의회는 '통킨만 결의'(Tonkin Gulf Resolution)를 최종적으로 폐기했다.[24] 1973~74년에는 캄보디아에서의 폭격을 금지하는 결의[25]와 사이프러스에 침공한 터키에 대한 군사원조와 무기판매를 금지하는 결의[26]가 의회를 통과했다. 1971년 여름에 뉴욕 타임스가 폭로한 〈베트남 전쟁 비록〉(The Pentagon Papers)[27]은 베트남 전쟁에의 개입이 극소수의 정책결정자들의 손에 의하여 결정되었음을 보여주었다. 1972년 선거 후에는 워터게이트 사건에 대한 보도와 의회의 조사로 인해 닉슨 대통령의 영향력과 지지도는 최하에 머무르고 있었다. 이러한 배경을 뒤로 하고 '전쟁권 결의'(The War Powers Resolution of 1973)가 탄생하였다.

24) Act of Jan. 12, 1971. Public Law No. 91-672.

25) Public Law No. 93-52 (1973).

26) Public Law No. 93-448 (1974).

27) The Pentagon Papers (N.Y.T. eds. 1971).

2. 제정 경위

1970~1971년에 하원은 2개의 결의(H. J. Res. 1355, H. J. Res. 1)를 통과시켰는데 "대통령이 군을 해외전투에 투입한 경우에는 사후에 의회에 보고서를 제출하여야 한다"는 온건한 내용을 담고 있었다. 상원은 이러한 미온적인 결의를 통과시키기를 거부하고, 1972년에 별개의 결의안(S. 2956)을 통과시켰다. 상원 안은 "① 미국의 영토 또는 속령에 대한 무력공격이 있거나 또는 이러한 공격이 예상되는 경우, ② 해외에 주둔하고 있는 미군에 대한 공격이 있거나 또는 이러한 공격이 급박하여 있다고 예상되는 경우, ③ 해외에 있는 미국 시민을 철수시키기 전에 이들을 보호하기 위한 경우, 및 ④ 특정한 개별 법률에 의한 수권(授權)이 있는 경우에만 대통령이 군을 전투에 투입할 수 있다"고 규정하였다. 이러한 경우에도 "대통령이 전쟁행위를 할 수 있는 기간은 30일에 한하며, 30일 이상의 군사행동은 의회의 구체적인 입법조치가 있는 경우에만 가능하며, 30일 이내라고 하더라도 의회는 법률 또는 상·하 양원의 합동결의(joint resolution)로써 전쟁행위를 종료시킬 수 있다"고 규정하여 대통령의 행동범위를 제한시켰다. 하지만 상원의 이 안(S. 2956)은 하원의 동의를 얻지 못하였다.

1973년에도 상원과 하원은 각각의 법안을 통과시켰다. 상원 법안 S. 440은 전년도에 통과됐던 S. 2956과 사실상 동일한 내용을 담고 있었으며, 하원이 통과시킨 H. J. Res. 542는 상원 법안과는 많이 달랐으나 전년도의 하원 법안보다는 강력한 내용을 담고 있었다. H. J. Res. 542는 대통령이 선전포고 없이 전투행위를 할 수 있는 경우를 나열하지는 않았으나 "대통령은 병력 투입 후 48시간 내에 의회에 보고(report)하여야 하며, 의회의 후속 조치가 없으면 대통령은 병력 투입 120일 내에 철수해야 하며, 상·하원이 찬동결의(concurrent resolution)[28]로 철군을 요구하면 대통령은 병력투입 후 120일 내에 철수해야 한다"는 조항을 포함하고 있었다. 하원 법안은 이 같은 입법적 거부(legislative veto) 제도를 도입했다는 점이 특징이었다.

닉슨 대통령은 이 같은 전쟁권 제한 법안이 헌법위반이라는 이유를 들어 거부(veto)할 것임을 발표하였다. 닉슨 대통령의 거부권 행사 위협에도 불구하고 하원은 1973년 7월 18일 244 대 170으로 H. J. Res. 542를 통과시켰으며, 상원은 7월 20일에 72 대 18로 S. 440를 통과시켰다.

두 개의 법안은 양원 합동회의에 회부되었으며 10월 4일에 상원안 보다는 하원안에 유사한 결합안이 채택되었고, 상원은 이를 10월 10일에 75 대 20으로, 하원은 10월 12일에 238 대 123으로 각각 통과시켰다. 닉슨 대통령은 10월 24일에 이 법안에 대해 거부권을 행사했다. 닉슨은 이 결의가 "과거 200년 동안 대통령이 적절히 행사하여온 권한을 박탈하는 것으로 명백히 위헌이며, 미국이 국제위기에 대처하는 능력을 결정적으로 약화시키고, 미국 선박이나 항공기가 납치되거나 또는 무력공격의 위협이 닥쳐오는 상황에서 미국을 혼란과 무기력으로 몰고 갈

---

28) 상·하 양원 합동결의(joint resolution)는 양원이 모두 통과시킨 결의로 이에 대통령이 서명하면 법률로서의 효력을 갖는다. 찬동결의(concurrent resolution)는 한 원이 통과시킨 결의에 다른 원이 동의하여 어떠한 문제에 대한 의회의 의사를 표현하는 것으로 대통령의 서명을 필요로 하지 않는다.

것"이라고 비난했다.[29]

11월 7일, 하원은 284대 135로, 상원은 75대 18로 닉슨 대통령의 거부권 행사를 압도(override)하였다. 상원의 표결은 가히 압도적이었다. 풀브라이트 외교분과위원장 같은 진보적 의원은 물론이고 존 스테니스 군비(軍備)분과위원장과 같은 보수적 의원도 찬성표를 던졌다. 하원의 원래 표결은 거부권 압도에 필요한 2/3에 부족하였으나, 실제로 거부권을 압도할 때에는 2/3선을 4표가 넘는 다수로 재가결했으니, 워터게이트 사건으로 최하에 머물렀던 닉슨 대통령의 지지도와 권위를 반영한 것이다. 미국 의회는 이 같은 상황에서 닉슨 대통령에게 승리를 안겨 주어서는 아니 되겠다고 확실하게 의사를 표명한 셈이다. 이런 과정을 거쳐 '전쟁권 결의'가 탄생했다.[30]

3. '전쟁권 결의'의 구조

'전쟁권 결의'는 다섯 부분으로 구성되어 있다.

첫째 부분은 '전쟁권 결의'의 목적과 정책을 천명한 것인데, "군을 전쟁상황에 투입하는 결정은 의회와 대통령에 의하여 공동적으로 이루어지도록 함이 이의 목적"이며, "헌법 제1조 8항은 의회가 행정부의 기능의 수행에 필요한 법률을 제정할 권한이 있으며, 대통령은 군 총사령관(Commander-in-Chief)으로

---

29) President's Veto Message. H. Doc. No. 93-171, 93th Cong., lst Sess. (1973).

30) Note, 1973 War Power Legislation : Congress Reasserts Its Warmaking Power, 5 Loyola Univ. of Chi. L. Rev. 83, 90~92 (1974); Franck, supra note 13, pp. 611~614.

서 군을 전투에 투입할 수 있는 경우는 선전포고가 있거나 또는 미국의 영토나 속령 또는 미군에 대한 공격이 있는 경우에 한한다"고 선언했다.31)

둘째 부분은 협의조항이다. "대통령은 전쟁상황(hostilities)에의 미군의 개입이 절박하다고 판단되는 경우에 군을 투입하기 전에 가능한 한 자주 의회와 협조하여야 하며, 일단 군이 투입된 경우에는 완전 철군까지 의회와 정기적으로 협의하여야 한다"고 규정했다.32)

셋째 부분은 보고(reporting)에 관한 것이다. "선전포고가 없이 적대적 상황(hostilities) 또는 전투가 곧 발생할 것 같은 상황에 군을 투입하거나 외국 영토 또는 영수(領水)에 전투장비를 갖춘 군 병력을 훈련·보급 이외의 목적 하에 투입하거나 외국에 주둔하고 있는 기존의 군 병력을 현저하게 증강시킨 경우에 대통령은 48시간 내에 하원의장과 상원 임시의장에 문서로 보고하여야 한다"는 것이다.33)

따라서, 적대적 상황(hostilities)에 군을 투입하는 경우에는 "의회와의 협의와 보고"가 필요하지만, 단순히 외국 영토에 군을 투입한 경우에는 48시간 이내에 보고를 하면 된다.

---

31) Section 2(a),(b),(c) of the War Powers Resolution.

32) Section 3.

33) Section 4.

4. '전쟁권 결의'에 대한 논쟁

'전쟁권 결의'안이 의회에서 본격적으로 다루어지기 시작한 1970년부터 이에 관한 찬반 의견이 제출되었다.

1970년 5월, 조지 맥거번 상원의원은 알렉산더 비켈, 램지 클라크, 버크 마셜, 존 도어 등 저명한 헌법학자와 법률가 14명이 서명한 의견서, '인도차이나 : 헌법위기'를 제출하였다. 이 의견서는 "의회가 군사력 사용을 제한하는 권한을 가지고 있으며, 대통령이 군사행동을 무제약적으로 자유롭게 취하여 온 것은 과거에 의회가 아무런 조치를 취하지 않은 데 기인한다"고 결론을 내렸다.[34] 찰스 퍼시 상원의원이 제출한 제2 의견서는 루이 폴락, 알렉산더 비켈, 찰스 블랙 등 저명한 헌법교수들이 작성한 것으로, 헌법상 의회와 대통령 사이의 권한관계에 관하여 중요한 분석을 했다. "의회는 보다 일반적인 권력을 가지고 있으며, 헌법 해석상 대통령 권한인지 또는 의회 권한인지가 불분명한 경우에는 의회의 의사가 우선하여야 한다. 외교·군사 분야에서는 권한 소속이 의회인지 또는 대통령인지가 불분명한 경우('twilight zone')에 어떠한 긴급한 외교·군사적 상황이 발생해서 신속하고 결정적인 정책결정을 요구할 수 있는데, 이러한 상황에서는 대통령이 독자적으로 필요한 외교·군사상의 결정을 취할 수 있어야 한다. 이외의 모든 경우에는 의회가 일반적인 권한을 가지며, 긴급한 상황에서 대통령이 취한 결정이 어떠한 중요한 시점에 이르면 이에 대한 권한은 의회의 전속적 영역에

34) Bickel et al., Indochina : The Constitutional Crisis, 91st Cong., 2d Sess. (1970).

속한다"는 것이다.[35] 이에 의하면 대통령은 초기에 신속한 군사 행동을 취할 수 있지만, 대통령의 이러한 권한은 잠정적인 것으로 어느 단계에는 의회로 이관되어야 한다는 것이다.

헌법학자들이 대통령의 전쟁권을 제한하려는 입법을 대체로 지지한 반면, 국제법학자들은 대체로 반대의 뜻을 표시하였다. 1970년 4월, 상원 외교위원회 청문에서 버지니아 대학의 국제법 교수인 존 무어는 "전쟁권을 제한하는 법안이 대통령의 독자적인 권한을 제약하기 때문에 헌법위반일 수 있으며, 헌법위반이 아니라 할지라도 지극히 어리석은 법률"이라고 증언하였다. 무어 교수는 "이러한 법률은 지역평화유지(regional peacekeeping), 국제해협에서의 자유통과 보장 등과 같은 미국의 국익에 중요한 조치를 미국이 취하는데 많은 어려움을 야기할 것이며, 미국의 대외정책에 불리한 결과를 초래하고 말 것"이라고 지적하면서, 상원 외교위원회 청문에서 "비현실적인 구상"이라고 비판하였다.[36] 2년 후에 베트남 전쟁의 법적 쟁점을 다룬 저서에서 무어 교수는 "대통령의 권한은 유연하여야 한다"고 주장하면서, "'법의 생명은 논리가 아닌 경험에 있다'는 홈스 판사의 명언이 오늘날 전쟁권 분야에서와 같이 적절한 곳은 없다"고 지적하였다.[37]

존슨 행정부에서 국무차관을 지낸 유진 로스토 교수는 "베트남 전쟁의 문제점은 외교정책에 관한 것이지, 대통령과 의회 사

35) Pollack et al., Indochina : The Constitutional Crisis, 91st Cong., 2d Sess. (1970).

36) Moore, Strengthening the Congressional Role in the Use of Armed Forces Abroad, 91st Cong., 2d Sess. (1970).

37) J. Moore, Law and Indo-China War (1972), p. 539.

이의 관계에 관한 헌법상의 위기가 아니다. 대통령의 외교·군사 분야에서의 권한을 제약하는 법률은 시계바늘을 200년 전으로 되돌려 놓는 격"이라고 비판하였다.38)

J. 테리 에머슨(당시 골드워터 상원의원의 입법보좌관)은 "과거 200년간의 헌법사는 대통령이 군사력을 해외에 파견하는데 독자적인 권한을 갖고 있음을 보여 주며, 대통령의 군사행동권을 사전에 제약하는 법률은 위헌"이라고 주장하였다.39) 그러나, 에머슨은 전쟁권 법안이 헌법의 어느 조항에 위반되느냐에 대하여는 언급하지 않았다.

헌법사학자 라울 버거는 전쟁권을 둘러싼 논란이 "헌법제정자들의 의도와 그 이후의 관행이 판이하게 달랐다는 데에서 주로 비롯된다"고 지적했다.40) 미국 헌법의 해석상 의회가 보다 포괄적인 권한을 가지고 있다는 점에서 전쟁권 법안은 일단 합헌으로 보아야 할 것인데, 더 중요한 문제는 과연 이러한 법률이 실효적(workable)인가 하는 점이다.

---

38) Rostow, Great Cases Make Bad Law : The War Power Act, 50 Tex. L. Rev. 833, 900 (1972).

39) Emerson, supra note 18, pp. 83~84.

40) Berger, War-Making by the President, 12 U. Pa. L. Rev. 29 (1971).

Ⅲ. '전쟁권 결의'의 실제적 운영

'전쟁권 결의'는 위헌은 아니라고 할지라도 실현 불가능한 (unworkable) 절차를 담고 있다는 것이 외교정책 전문가나 국제법학자들의 일반적인 견해였다. 제정된 후 10년 동안 '전쟁권 결의'가 어떻게 운영되었는가를 보기로 한다.

1. 1975년 인도차이나에서의 군사행동

1975년 봄, 포드 대통령은 인도차이나 지역에서 4건의 군사행동을 취하였는데 이를 '전쟁권 결의'가 요구하는 '협의'(consult)와 '보고'(report)를 중심으로 살펴보면 다음과 같다.

(1) 베트남과 캄보디아에서의 철수작전

북베트남군의 춘계 대공세로 남베트남의 북부 지역이 위태롭게 될 즈음인 1975년 4월 4일, 포드 대통령은 "국제적 휴머니즘 노력(international humanitarianism effort)으로 북부의 다낭시(市)로부터 미국인과 남베트남군 및 피난민을 사이공 지역으로 철수하기 위하여 미군을 파견하였으며, 미 동부 시간으로 4월 3일 오전 4시에 미 해군 함정들이 베트남의 영해에 진입하였다"고 의회에 보고하였다. 그러나 나중에 밝혀진 바에 의하면, 포드 대통령은 3월 29일에 이미 다낭 철수를 위하여 해

다낭을 탈출한 피난민을 옮겨 싣고 있는 미 해군 항공모함 미드웨이호

군 함정들을 보냈으며, 이 상륙전단은 미 동부 시간으로 4월 3일 오전 4시에 남베트남 영해에 진입했다.

포드 대통령은 다낭 철수에 있어서 '전쟁권 결의'와 관련하여 취한 조치는 두 가지 측면에서 중요하다. 첫째, 포드 행정부는 이러한 조치가 '전쟁상황'(hostilities)에 군대를 투입한 것이 아니고 외국의 영토와 영수(領水)에의 군(軍)의 투입이기 때문에 의회와의 사전협의는 요구되지 않으며 다만 48시간 이내에 의회에 보고만 하면 된다는 입장이었다. 이러한 해석은 '전쟁권 결의' 3조와 4조의 문리해석에 의하여 지지될 수 있다. 둘째, 포드 행정부는 48시간 내 의회에 보고하여야 한다는 '전쟁권 결의'의 요건에 있어서 48시간의 기산점을 남베트남 영해에 미군 함정이 진입하는 시점을 삼았다는 점이다. 이와 같은 입장은 의회에서 국무부 법률고문 먼로 레이의 증언을 통하여 확인되었다.

또한 포드 대통령은 “다낭 철수작전은 전쟁상황이 아니므로 의회와 협의할 의무는 없지만 자발적으로 의회와 협의하였다”고 밝혔다. 이에 대해 하원의 자블로키 의원은 “그것은 단지 통보(notification)이었지 결코 협의(consultation)가 아니었다”고 술회하였다. 다낭 철수작전에서 미군은 북베트남군과 접전하지는 않았고 사상자도 발생하지 않아서 전쟁상황(hostilities)이 아니라는 포드 대통령의 주장은 결과적으로는 정당화되었다. 그러나 다낭에 파견되었던 미군들이 무사히 복귀한 것은 북베트남군이 미군과의 교전을 의식적으로 기피한 결과였으며, 교전 가능성은 얼마든지 있었다는 것이 군사전문가들의 평가였다.

같은 해 4월 12일에 포드 대통령은 해병대원 350명과 헬기 36대를 캄보디아의 프놈펜 시(市)에 파견하여 미국 대사관 직원과 캄보디아 및 제3국 시민들을 철수시켰다고 의회에 통보했다. 4월 29일에 포드 대통령은 의회 지도자들을 백악관으로 초대하여 “사이공 상황에 대하여 브리핑하면서 사이공에 잔류하고 있는 미국인과 남베트남 정부 요인을 철수하기 위하여 헬기 70대와 해병대원 865명을 사이공에 투입했다”고 통보하였다. 해병대원들이 사이공에 도착한 것은 같은 날 오전 1시였으나 의회 지도자들에 통보된 것은 오전 11시 30분이었다. 이 철수작전에서는 실전상황이 발생하였고 그 결과로 해병대원 2명과 조종사 2명이 사망했다.

캄보디아와 남베트남의 최후의 순간에 전개된 이 철수작전은 공해상의 제7함대 함정과 함재기 그리고 해병대에 의하여 치밀하게 수행되었다. 위의 세 번의 경우에 의회는 작전이 불가역적으로 진행된 후에 통지를 받아서 ‘의미 있는 협의’는 이루어 지지 않았다.41)

(2) 마야궤즈호(號) 구출작전

1975년 5월 12일 미국 상선 마야궤즈호는 캄보디아 해안에서 60마일, 그리고 캄보디아와 북베트남이 서로 영유권을 주장하고 있는 와이도(島)에서 6.5마일 떨어진 공해상에서 공산 크메르 경비정에 의해 나포되었다. 같은 날 오전 5시경, 포드 대통령은 마야궤즈호 선원들이 억류되어 있던 코탕도(島)에 대한 공격명령을 내렸고, 오후 7시 20분에 해병대는 공격을 시작해서 3시간 동안의 치열한 전투 끝에 코탕도를 완전히 장악하였다. 이어서 캄보디아 본토의 림 비행장에 대한 폭격이 뒤따랐다. 코탕도 전투에서 해병대원 15명이 사망하였고 3명이 실종되었으며, 태국의 기지에서 발진한 헬기 한 대가 추락해서 23명이 사망하였다. 5월 15일 아침에 마야궤즈호와 선원은 전원 구출되었고, 작전은 종료되었다.

마야궤즈호 사건은 '전쟁권 결의'가 입법화된 후에 최초로 '전쟁상황'에 미군이 투입된 경우로서 의미가 깊다. 포드 대통령은 '전쟁권 결의'가 요구하는 48시간 내의 보고를 대체로 충실히 이행하였다. 그러나 포드 대통령은 전쟁상황에 군을 투입할 때 요구되는 사전협의는 하지 않았다. 포드 대통령이 이 사태에 관하여 의회 지도자들과 회합을 갖기 시작한 시점은 해병대가 코탕도에 상륙하기 30분 전인 5월 14일 오후 6시 40분이었다. 따라서 의회 지도자들은 상황과 이미 취하여진 작전에 대하여

41) Franck, supra note 14, pp. 615~617 ; 포드 대통령에 우호적인 평가로는, Emerson, The War Powers Resolution Tested : The President's Independent Defense Power, 51 Notre Dame Lawyer 187, 189~191 (1975)

사후통지를 받았을 뿐인데, 이에 대하여 마이크 맨스필드 상원의원 등 몇몇 의원은 강력하게 불만을 표시하였다.[42] 포드 대통령은 "'군 총사령관'이라는 헌법적 지위에서 작전을 명령하였다"고 밝혔으나, 그가 취한 행동은 '전쟁권 결의'에 위반했음이 명백했다.

작전 직후에 열린 의회의 청문회에서 국무부 법률고문 먼로 레이는 "당시 대통령은 작전의 비밀성 유지가 극히 중요하다고 판단하였고, 백악관 정책결정자들은 의회의 지도자들에게도 사전에 공개하여서는 아니 된다는 의견이 우세했다"고 증언하였다.[43]

2. 1980년의 테헤란 주재 미 대사관 인질구출 작전

1980년 4월, 카터 대통령은 이란의 호메이니 정권에 의하여 테헤란의 미 대사관에 인질로 잡혀 있는 미 대사관 직원 53명을 구출하기 위한 특공작전을 지시하였다. 그러나 이 작전은 4월 25일에 이란 영내의 포세트 바담 사막에서 작전에 참가한 항공기들이 충돌하는 사고가 발생해서 실패하였다. 인도양에 진입한 항모에서 발진한 RH-53 헬기가 사막에서 이륙하던 중 공군의 C-130 헤라클레스 수송기에 충돌한 이 사고로 3명의 공군 조종사를 비롯한 미군 8명이 사망하였고 특공대는 작전능력을 상실하고 철수하였다. 4월 26일 오전, 카터 대통령은 TV에서 사실을 설명하고 자신에게 모든 책임이 있음을 인정하였으

42) F. Wilcox and A. Franck, The Constitution and the Conduct of Foreign Policy (1976), p. 123.

43) Franck, supra note 14, pp. 617~620.

며, 의회 지도자들에게 경위를 설명하였다.

카터 대통령은 "구출작전은 전쟁행위가 아니고 휴머니즘적 행동(humanitarian act)으로서 '전쟁권 결의'가 적용되지 않는다"고 해명하였다.[44] 테헤란의 미 대사관 직원들이 인질로 잡힌 후 프랭크 처치 상원의원과 제이콥 재비츠 상원의원은 행정부에 대하여 군사행동을 취하기 전에 의회와 협의하여 줄 것을 요청했지만 카터 대통령은 이러한 협의를 하지 않았고 극소수 정책결정자들 및 군과 정보 관계자들과 협의한 후 작전을 명령하였다. 따라서 이 작전은 '전쟁권 결의'에 대한 명백한 위반이었다. 충격적이고 비극적인 이 사건은 미국민의 단결심을 고양시켰고, 의회는 카터 대통령의 '전쟁권 결의' 위반을 문제 삼지 않았다.

3. 1982년 레바논 파병

1982년 8월 레이건 대통령의 제안으로 레바논으로부터의 팔레스타인 해방기구(PLO)의 철수를 보장해서 레바논에 평화를 가져오기 위한 방안이 마련되었다. 이를 위해 미국, 영국, 프랑스 및 이탈리아 4개국 군대로 구성된 다국적군이 레바논에 파견되었다. 미국은 1,200명의 해병대를 레바논에 파견하였는데 레이건 행정부는 "평화유지가 그 목적이기 때문에 '전쟁권 결의'가 적용될 여지는 없다"는 견해를 유지하였다. 다국적군은 미군 1,200명 외에도 프랑스군 2,000명, 이탈리아군 2,100명 그리고 영국군 100명으로 구성되었는데 레바논 평화협상이 진전이 없자 이들은 이후 레바논 내의 이슬람 민병대의 테러 대상이 되었

44) TIME, May 5, 1980, pp. 6~19 (Cover Story).

고, 1983년 9월까지 미군 5명, 프랑스군 41명, 그리고 이탈리아군 1명이 사망하였다.

1983년 8월에는 미국은 지중해에 항모전단을 파견하여 시리아군과 두르즈파(派) 민병대의 내륙진지를 포격하였다. 이러한 상황에 대하여 레이건 대통령은 하원의장과 상원 임시의장에 서면으로 보고 하였으나 이러한 보고가 '전쟁권 결의'에 따른 것임을 명시하지 않았을 뿐 더러 60일내의 철군 조항에 관하여도 언급하지 않았다.

레바논 사태의 악화와 '전쟁권 결의'를 무시하는 대통령의 처사에 자극받아서 의회는 1983년 10월 12일에 '레바논의 다국적군에 관한 결의'(Multinational Force in Lebanon Resolution)[45]를 통과시켰다. 이 결의는 "레바논에서의 미군은 이제 전쟁상황에 있으며 '전쟁권 결의'가 1983년 8월 29일을 기준으로 적용되며, 레바논에서의 미군 주둔을 향후 18개월에 한하여 인정한다"고 선언하였다.

1983년 10월 23일, 베이루트의 미군 사령부에 폭탄을 적재한 트럭이 돌진하여 폭발해서 해병대원 240 여명이 사망하는 대참사가 발생하였으며, 프랑스군도 이와 유사한 공격으로 많은 인명피해를 입었다.[46] 1983년 12월에는 시리아군이 미 정찰기를 공격하자 미 해군 함재기가 시리아군 기지를 폭격하는 사태로 발전하였는데, 공습 중이던 미 해군기 2대가 격추되자 이에 대한 보복으로 전함 뉴저지호가 시리아에 함포 사격을 가하였다.[47] 레바논에 파병된 미군의 역할은 평화유지가 아니라 실전

45) Pub. L. No. 98-119 (1983).

46) TIME, Oct. 31, 1983, pp. 6~17 (Cover Story)

47) TIME, Dec. 19, 1983, pp. 6~9.

을 방불케 하였다.

시리아의 강경한 태도와 이슬람 민병대의 계속되는 공격으로 레바논의 평화는 요원해 보이고 오히려 미군의 안전만 위협을 받게 되자 레이건 대통령은 베이루트에 주둔 중이던 해병대 병력을 지중해상의 함대로 옮기기로 결정하였다. 1984년 2월, 미군을 위시한 모든 다국적군은 레바논에서 철수하였으며, 미국은 베이루트 주재 미 대사관에만 해병대원 200명을 잔류시켰다.[48]

레바논 파병에서 레이건 대통령은 '전쟁권 결의'를 사실상 무시했다. 이러한 태도가 바로 의회로 하여금 '레바논의 다국적군에 관한 결의'를 통과하게 하였다. 레이건 대통령이 이미 취한 조치를 사후에 승인하고 18개월이란 충분한 파병기간을 인정한 이 결의는 행정부를 견제했다기보다는 단지 의회의 체면을 유지시키는 결과를 초래했다.

4. 1983년 그레나다 침공

1983년 10월 25일, 미국은 카리브해(海)의 좌경국가 그레나다를 침공하였다. 그레나다에는 미국인 약 1,000명이 머물고 있었는데, 대부분이 세인트 조지 의대 학생들이었다. 미국은 미국인들의 안전을 공산정권으로부터 보호한다는 명분을 내세우고 지상군을 그레나다에 상륙시켰는데, 작전은 당일에 성공하였다. 그레나다 침공이 국제법상 정당화될 수 있느냐 하는 문제는 국제법학자들의 연구 과제이다.[49]

48) TIME, March 5, 1984, pp. 6~8.

49) Joyner, Reflection on the Lawfulness of Invasion, 78 A. J. I. L. 131 (1984) ; Moore, Grenada and the International Double

그레나다를 침공하는 당일에 레이건 대통령은 하원의장과 상원 임시의장에게 보고서를 제출하였는데, 이 보고서가 '전쟁권 결의'의 의하여 요구되는 보고인지를 밝히지는 않았다.

침공 사흘째인 10월 27일, 상원 외교분과위원회는 "미국이 그레나다에서 전쟁상태에 있다"고 선언하였고, 10월 28일 상원 본회의는 64 대 20으로 동일한 요지의 결의를 통과시켰다. 11월 1일에는 하원 본회의가 '그레나다 사태에 관한 결의'를 403 대 23으로 통과시켰는데, 이는 '전쟁권 결의'가 10월 27일부터 적용되며 따라서 철군 시한 60일도 이날부터 시작된다고 천명하였다.[50)]

그레나다 침공 작전에 참가하였던 총병력은 약 6,000명이었는데, 침공이 성공리에 끝난 후 약 3,000명이 즉시 철수하였으며, 나머지 병력도 1983년 12월까지 대부분 철수하였다.[51)]

그레나다 침공에 있어서도 레이건 대통령은 '전쟁권 결의'를 무시하였다. 이러한 태도에 좌절한 의회는 별개 결의를 통과시켜서 의회가 이에 관한 정당한 권한을 가지고 있음을 확인하려고 하였다.

Standard, 78 A. J. I. L. 145 (1984) ; Vagts, International Law under Time Pressure - Grading the Grenada Take-home Examination, 78 A. J. I. L. 169 (1985).

50) TIME, Nov. 14, 1983, p. 25.

51) TIME, Dec. 5, 1983, p. 27 ; TIME, Dec. 12, 1983, p. 34.

Ⅳ. '전쟁권 결의'에 대한 평가

1. '전쟁권 결의'에 대한 논란

전쟁권에 관한 논쟁은 접근하는 관점에 따라 판이한 결론을 가져온다. "전쟁권은 본질적으로 의회에 속한다"는 주장은 주로 헌법 제정자의 원래의 의도에 근거를 두고 있다. 헌법사학자 라울 버거의 입장이 대표적이다.[52] 반면에 "대통령은 광범한 군사행동권을 가지고 있어야 한다"는 주장은 헌법관행에 근거를 두고 있다. 유진 로스토 교수가 이 같은 주장을 하는 대표적인 학자이다.[53]

보다 중요한 쟁점은 '전쟁권 결의'와 같이 대통령의 군사행동을 제약하는 법률의 합헌성 여부이다. 유진 로스토는 "대통령의 군사 행동권은 대통령의 본질적 권한이기 때문에 이를 제약하는 법률은 위헌"이라고 주장한다.[54] 보다 설득력 있는 견해는 에이브래햄 소패 교수의 주장이다. 소패 교수는 "대통령은 독자적으로 군사행동을 취할 수 있지만 …… 의회는 이러한 군사행동을 철회시킬 수 있으며 심지어 대통령의 전쟁 권한을 전적으로 박

---

52) Berger, War-Making by the President, 121 U. Pa. L. Rev. 29 (1971); Berger, The Tug of War Between Congress and Presidency, 16 Washburn L. J. 1 (1976).

53) Rostow, Great Cases Make Bad Laws : The War Power Acts, 50 Texas L. Rev. 833 (1972).

54) Rostow, Response in "Foreign Policy and the Constitution" Symposium, 61 Va. L. Rev. 797, 804 (1975).

탈할 수 있다"고 본다.[55] 이 견해에 따르면 대통령의 전쟁권을 제한하는 법률은 일단 합헌이라 할 것이다.

현실적으로 더 중요한 문제는 과연 의회가 대통령의 전쟁권을 효율적으로 제한할 수 있으며, 그렇게 제한하는 것이 바람직한가 하는 점이다. 루이 헨킨 교수는 "'전쟁권 결의'는 미래에 대한 의회의 새로운 태도로서 큰 의미가 있을 뿐이며, 의회가 장차 현실적인 통제를 할 수 있나는 별개의 문제"라고 지적한 바 있다.[56]

'전쟁권 결의'는 "베트남 전쟁이란 특정한 전쟁에 대한 반성과 혐오에서 유래하였으며, 워터게이트 사건에 휘말려 있던 닉슨 대통령에 대한 정치적 반감이 작용하여 제정되었다. 특정한 전쟁과 특정한 대통령에 대한 반대의식으로 제정된 법률은 보편적 타당성을 인정받기 어려웠다. 이러한 면은 마야궤즈호 사건, 테헤란 인질구출 작전, 레바논 파병, 그리고 그레나다 침공에서 증명되었다.

포드, 카터, 그리고 레이건 대통령은 '전쟁권 결의'를 사실상 무시하고 마야궤즈호 구출, 이란 침공, 그리고 그레나다 침공을 명령하였다. 일반여론은 이러한 대통령의 위법적인 군사행동을 대체로 지지하였으며, 의회도 큰 반대를 제기하지 않았다. 무엇보다 대통령이 '전쟁권 결의'를 준수하지 않는 경우에도 의회가 취할 수 있는 실질적 수단은 거의 없었다. '전쟁권 결의'가 대통령이 군사행동을 취한 경우에 이를 찬동결의로서 종료시킬 수 있는 권한을 의회에 부여하였지만 예방적 권한을 의회에 주고

55) A. Sofaer, supra note 4, p. 58.

56) Henkin, "A More Effective System" for Foreign Relations : The Constitutional Framework, 61 Va. L. Rev. 751, 774 (1975).

있지는 않으며, 또한 의회는 이미 진전된 전쟁 조치를 독자적으로 단절시키기를 꺼려할 것이다.[57] 결론적으로, '전쟁권 결의'는 합헌적이되 실효성을 결여한 법률이라고 하겠다.

2. 입법적 거부 조항의 효력 상실

'전쟁권 결의'가 의회에게 부여한 가장 강력한 권한은 Section 5가 규정한 입법적 거부권이다. 이 조항은 의회가 상·하원 찬동결의로써 대통령의 군사행동을 종료시킬 수 있도록 한다. 이러한 의회의 결의는 최종적이며 대통령의 서명을 필요로 하지 않는다. 이 같은 입법적 거부 조항은 합헌성 여부가 문제되어 왔는데, 1983년 6월 23일 연방대법원은 차다 사건에서 입법적 거부 제도를 위헌으로 판시하였다.[58] 대법원의 판결을 쓴 버거 대법원장은 "어느 한 원만의 결의로서 입법적 거부를 하게 한 것은 양원제 원칙과 대통령에게의 법률안 회부라는 헌법상 권력분립 원칙에 위배 된다"고 하였다. 연방대법원은 또한 양원의 결의에 의한 입법적 거부도 위헌임을 분명히 하였다. 따라서, 약 210개의 연방법률에 산재하고 있는 약 320개의 조항이 효력을 상실하는 것으로 해석되었다. 따라서 '전쟁권 결의'의 Section 5도 효력을 상실하게 되었다. 차다 판결에서 반대의견

57) Franck, supra note 13, p. 627.

58) INS v. Chadha, 103 S. Ct. 2764 (1983). 이 판결에 대한 상세는 이상돈, 입법적 거부에 대한 미국 연방대법원의 위헌판결, 고시계 1984년 10월 pp. 95~106 참조. 입법적 거부제도에 대한 포괄적 문헌으로는, Bruff and Gellhorn, Congressional Control of Administrative Regulation : A Study of Legislative Vetoes, 90 Harv. L. Rev. 1369 (1977).

을 낸 화이트 대법관은 이 판결이 "'전쟁권 결의'의 입법적 거부 조항도 무효화할 것"이라고 지적하였다.

'전쟁권 결의'의 입법적 거부 조항은 일찍부터 헌법에 위반된다고 주장되었다. 1975년에 있었던 일련의 대외군사행동 이후 개최된 의회의 청문에서 당시 국무부 법률고문 먼로 레이는 "60일간의 시한 조항과 입법적 거부 조항이 모두 위헌"이라고 증언했다.[59] 차다 판결은 이 같은 행정부의 입장을 지지하였다. 차다 판결 이후 하원 법사위원회 행정법 소위원회에서의 청문에서 시카고 대학 교수를 역임한 바 있는 케네스 댐 국무차관은 "'전쟁권 결의'의 입법적 거부 조항은 명백히 위헌이며 또한 차다 판결에 의하여 무효화되었다"고 증언하였다.[60]

'전쟁권 결의'의 입법적 거부 조항은 차다 판결의 영향을 받지 않는다는 주장도 있다. '전쟁권 결의'는 입법권을 위임한 법률이 아니기 때문에 차다 판결과는 차원이 다르다는 것이다.[61] 차다 판결은 의회 밖에 있는 사람의 법적 권리, 의무 및 관계를 변화시키는 목적과 효과를 가지고 있는 모든 입법적 거부를 명백히 무효화하고 있기 때문에 이 같은 주장은 설득력이 약하다. 차다 판결은 대통령과 의회와의 관계에 대한 과거에 대법원 내린 Steel Seizure 판결[62]이나 Dames & Moore v. Regan 판

59) War Powers Hearings, 94th Cong., 1st Sess. 90~91, 95~97 (1975). Note, A Defense of the War Powers Resolution, 93 Yale L. J. 1330, 1332, note 12 (1984)에서 재인용.

60) Chadha Hearings, 98th Cong., 1st Sess.129-130 (1983). Note, supra note 59, p. 1349, note 97 (1984)에서 재인용.

61) Note, supra note 59, p. 1353.

62) Youngstown Sheet & Tube Co. v. Sawyer, 343 U.S. 579 (1952). 대법원은 한국전 때 제철공장을 몰수한 대통령의 조치를 무효화하였는데, 대

결[63]과는 다른 성향을 보이고 있다. 여하튼 중요한 사실은 차다 판결이 모든 입법적 거부 조항을 무효화하였으며, '전쟁권 결의' Section 5도 무효화되었다는 사실이다.[64]

3. 평가

'전쟁권 결의'는 당초부터 합헌성 여부와 현실적 문제점이 제기되었고, 대통령들에 의하여 무시되었으며, 차다 판결에 의하여 결정적인 타격을 당하였다. 그 외에도 '전쟁권 결의'는 몇 가지의 중대한 결점을 가지고 있다. '전쟁상황'(hostilities)을 정의하지 않은 점, 대통령이 작성·제출하여야 할 보고서에 포함되어야 할 사항이 규정되지 않은 점 등이 그러하다. '전쟁권 결의'에 의하여 대통령이 의회에 보고서를 제출해야 하는 의무를 대통령이 이행하지 않은 경우에 사법심사 대상이 되느냐 하는 문제가 있는데, 엘살바도르에의 미 군사고문단의 파견과 관련되어 발생한 소송에서 연방항소법원은 이를 '정치적 문제'(political question)라고 판시하였다.[65] 이처럼 '전쟁권 결의'는 사실상 무력화되었으며, 입법적으로 보완되지 않은 한 전쟁권한을 다시

법원은 의회가 이러한 조치를 가능케 할 법률의 개정을 거부함으로써 이러한 조치에 반대하였다고 판시하였다.

63) Dames & Moore v. Regan, 453 U.S. 654 (1981). 대법원은 알제리아 정부의 조정으로 체결된 행정협정인 Iranian Claims Settlement Agreement에 의회가 반대하지 않은 것은 의회가 승인한 것으로 보아야 하기 때문에 유효하다고 판시하였다.

64) Glennon, The War Power Resolution Ten Years Later : More Politics than Law, 78 A. J. I. L. 571, 577~578 (1984).

65) Crockett v. Reagan, 720 F.2d 1355 (D.C. Cir. 1983).

찾으려는 의회의 노력은 결실을 맺지 못할 것이다.[66]

(〈저스티스〉 제18권, 1989년)

66) Glennon, supra note 64, p. 581.

제 7 장

대통령의 조약 체결권

Ⅰ. 머리말

우리 헌법은 "대통령은 조약을 체결·비준"하며(헌법 제73조), "국회는 상호원조 또는 안전보장에 관한 조약, 중요한 국제조직에 관한 조약, 우호통상항해조약, 주권의 제약에 관한 조약, 강화조약, 국가나 국민에게 중대한 재정적 부담을 지우는 조약 또는 입법사항에 관한 조약의 체결·비준에 대한 동의권을 가진다"고 (헌법 제60조 1항) 규정한다. 이 두 조항이 우리 헌법이 대외법률관계에 관하여 규정하고 있는 전부인데, 두 조항은 해석과 실제 적용에 있어서 많은 의문점을 야기하고 있다.

조약의 체결과 효력 등에 대해선 1969년에 비엔나에서 조인되어 1980년 1월 27일에 효력을 발휘한 '조약법 협약'(Vienna Convention on the Law of Treaties)이 적용된다. 우리나라를 위시해 주요 국가들이 가입해 있는 비엔나 협약에 의하면

‘조약’(treaty)은 그 명칭이 조약(treaty), 협약(convention), 의정서(protocol), 협정(agreement), 또는 규약(covenant)이든 간에 국가와 국가 및 국가와 국제조직 간의 의사 합의를 총칭한다.[1] 따라서 조약법 협약에서 말하는 조약은 본래적 의미의 조약뿐만 아니라 행정협정이라고 흔히 지칭하는 협정도 포함한다.

1) 조약법 협약 제2조 1항.

Ⅱ. 조약의 성립절차

1. 비엔나 조약법 협약

조약법 협약은 조약이 성립되기 위해서는 ① 교섭(negotiation), ② 조약 본문의 채택(adoption of the text), ③ 조약 본문의 인증(authentification of the text), ④ 조약에 의하여 구속되는데 대한 동의(consent to be bound by a treaty), 그리고 ⑤ 비준서 등의 교환·기탁이란 절차가 있어야 한다.

조약 본문은 인증에 의하여 확정되는데, 인증 절차는 당사국이 합의하는 절차나 조약 본문에 대한 전권위임의 서명(signature), 정부의 승인을 조건으로 하는 서명(signature ad referendum), 또는 가서명(initialling)에 의한다.[2] '인증'이 단지 조약 본문을 확정시키는 데 반하여 '조약에 의하여 구속되는데 대한 동의'는 조약 내용에 관한 합의의 성립을 최종적으로 확인시킨다. 조약에 의하여 구속되는데 대한 동의는 서명(signature), 조약의 의미를 갖는 문서의 교환(exchange of instruments constituting a treaty), 비준(ratification), 수락(acceptance), 승인(approval), 가입(accession) 또는 기타 당사국이 합의한 방법에 의하여 이루어진다.[3]

서명만으로써 조약에 구속되는 합의를 할 수 있는 경우는 ① 조약 자체가 서명만으로 동의표명 효과를 갖는 것으로 규정하였

2) 조약법 협약 제10조.

3) 조약법 협약 제11조.

거나, ② 기타의 방법으로 서명만으로 동의표명 효과를 갖는다는 것이 증명되었거나, ③ 서명에 동의표명 효과를 부여하려는 의도가 당해국의 대표의 전권위임장이나 교섭과정을 통하여 표명된 경우이다.[4] 한 당사국은 국내법상 비준이 요구되지만 다른 당사국은 단순히 서명만으로 동의표명을 할 수 있는 경우를 들 수 있는데, 이 경우 비준이 요구되지 않는 국가가 서명만으로써 동의표명을 할 수 있도록 한 것이 바로 세 번째 조항이다.[5] 해당 조약의 성질상 당사국이 모두 서명만으로 동의표명을 할 수 있는 경우를 약식조약이라고 하는데, 이 경우에 서명은 조약 본문의 인증과 조약에 의하여 구속되는데 대한 동의를 겸하는 것이 보통이다.

'가서명'(initialling)과 '정부의 승인을 조건으로 하는 서명'(signature ad referendum)에 의하여도 동의표명을 할 수 있다.[6] 당사국 사이에 합의가 있으면 조약 본문에 대한 가서명으로 조약에 대한 서명을 대신할 수 있으며, 정부의 승인을 조건으로 하는 서명을 한 경우에는 정부의 승인이 있은 후 완전한 서명으로의 효력을 갖게 된다.

조약에 의하여 구속되는데 대한 동의는 조약의 의미를 갖는 문서의 교환으로 이루어질 수 있는데, 이에는 당사국간에 합의가 있어야 한다.[7] 조약에 의하여 구속되는데 대한 동의 중 가장 보편적으로 사용되어온 제도는 '비준'(ratification)이다.

---

4) 조약법 협약 제12조(1).

5) L. Henkin, R. Pugh, O. Schachter and H. Smit, International Law - Cases and Materials (1980, West Publishing, St. Paul), p. 600.

6) 조약법 협약 제12조(2).

7) 조약법 협약 제13조.

'비준'에 의하여 동의가 표명될 수 있는 경우는 ① 국가의 동의가 비준에 의하여 표명되는 것을 조약에서 규정하고 있거나, ② 비준을 필요로 한다는 데에 당사국이 동의한 것이 다른 방법에 의하여 증명되거나, ③ 당사국 대표가 비준을 조건으로 하여 서명하거나 또는 ④ 비준을 조건으로 하여 조약에 서명을 하고자 하는 의도가 그 대표의 전권위임장에서 명백하거나 또는 교섭과정에서 표명된 경우이다.[8]

여기서의 문제점은 어떠한 조약이 단순히 서명만으로 충분한지 또는 비준이 요구되는지가 전혀 나타나지 않는 경우이다. 조약법 협약 체결을 논의할 당시 미국 의회에서도 이 점이 거론되었는데, 이러한 경우에는 비준이 필요하다고 추정하여야 한다는 주장이 있었지만 아무런 조항도 두지 못하였다. 하지만 실제로 조약 체결과정에서 비준의 필요 여부가 전혀 나타나지 않는 경우는 발생하지 않을 것이다.[9]

조약의 내용은 서명에 의하여 이미 확정되었기 때문에 비준은 조약 전체에 대하여 무조건적으로 행하여지거나 또는 무조건적으로 거부되어야 한다. 비준이 원래 지녔던 의미는 전권대표가 서명한 조약문을 주권자인 군주가 다시 확인하는 것이었으나 입헌민주주의 제도가 각국에 확립되자 비준은 각국의 국내법에 의하여 의회에 회부되어서 동의를 받아야 하는 의회통제(parliamentary control)의 수단으로 의미를 지니게 되었다.[10] 비준 절차는 각국의 국내법상 문제이고 각국의 헌법과 법률에 위임되어 있다. 입헌민주주의 국가에 있어서는 의회가 비준에의

8) 조약법 협약 제14조.

9) L. Henkin et al., op. cit., p. 602.

10) L. Henkin et al., op. cit., pp. 601~602.

동의를 하는 권한을 갖는 것이 보통이다.

수락(acceptance)과 승인(approval)은 근래에 성립된 관행이나 실질적으로는 비준과 별 차이가 없으며[11], 가입(accession)은 이미 성립된 조약에 교섭국이 아닌 다른 국가들이 참여하는 것이다.[12] 비준이 있은 후 비준서를 교환·기탁하게 되면 이에 의하여 조약은 확정적으로 성립하고 특별한 규정이 없으면 이때부터 그 조약은 효력을 발휘한다.[13]

2. 조약 체결에 있어서 의회의 역할

조약 체결은 국민의 권리와 이익에 직접적으로 영향을 미치기 때문에 대부분의 민주주의 국가의 헌법은 국민의 대표기관인 의회의 동의를 얻도록 하고 있다. 서독 기본법 제59조 2항은 "연방의 정치적 관계를 규제하거나 연방의 입법사항에 관계되는 조약은 연방입법기관의 동의가 필요하다"고 규정하며, 프랑스 제5공화국 헌법 제53조 1항은 "평화, 통상 및 국제조직에 관한 조약, 국가의 재정을 구속하는 조약, 법률의 성질을 가질 규정을 변경하는 조약, 사람의 신분 및 영역의 변경에 관한 조약은 법률에 의하지 아니하고는 비준 또는 승인할 수 없다"고 규정한다. 미국 헌법과 일본 헌법은 모든 조약에 대하여 국회의 동의 또는 승인을 얻도록 요구하고 있다.

---

11) 조약법 협약 제14조(2).

12) 조약법 협약 제15조.

13) 조약법 협약 제16조.

Ⅲ. 미국 헌법에서의 조약 체결

1. 헌법 조항의 유래

미국 헌법 제2조 2항은 조약 체결에 관하여 규정하고 있다. 이에 의하면 "대통령은 상원의 권고와 동의(advise and consent)로써 조약을 체결하는데, 이 경우 상원은 재석의원 2/3가 찬성(two thirds of the Senators present concur)하여야 한다". 이러한 이유로 미국에서 조약 체결(treaty-making)은 대통령과 상원(the president-and-Senate)이라는 '정부의 제4부'(fourth branch of government)의 권한이라고 흔히 불린다.[14]

조약 체결 권한을 대통령에게 부여하고 의회가 통제하도록 한 미국 헌법의 이 조항은 이후 많은 나라의 헌법에 영향을 미쳤는데, 미국 헌법이 이러한 규정을 두게 된 데에는 다음과 같은 배경이 있다.

첫째는, 존 로크와 몽테스큐의 영향이다.[15] 존 로크는 〈시민정부이론〉(Two Treaties of Government)에서 집행권(Executive Power)과 동맹권(Federative Power)은 성격상 구별되지만 국내법의 집행(executive)이라는 점에서, 그리고 인민의 안전과

14) L. Henkin, Foreign Affairs and the Constitution (1972, Norton, N.Y.), p. 130.

15) T. Franck and M. Glennon, Foreign Relations and National Security Law - Cases, Materials and Simulations (1987, West Publishing St. Paul), pp. 227~228.

이익을 관리한다는 점에서 통합적인 면을 갖고 있다고 하였다. 몽테스큐도 〈법의 정신〉(The Spirit of Law)에서 국제법(law of nations)에 관련된 사항의 집행과 국내법(civil law)에 관한 사항의 집행이 모두 국가집행권(executive power)에 속한다고 하였다. 이러한 정치이론의 영향으로 조약 체결 같은 외교권이 대통령에 속하게 되었다.

둘째는, 미국 헌법 제정 당시의 영국의 헌법 관행이다.[16] 당시 영국에서는 조약을 체결하고 동맹을 하는 것 등은 국왕의 특권(prerogative of the Crown)이며 주권적 기능(function of the sovereignty)이라고 생각되었는데, 알렉산더 해밀턴은 미국에서는 대통령이 이러한 권한을 가져야 한다고 생각했다.

셋째는, 연방규약(The Articles of Confederation)에서의 경험이다.[17] 연방규약은 조약을 체결하고 동맹관계를 맺는 권한을 대륙의회에 부여하였는데 외교권을 대륙의회에 부여한 것이 문제가 있음은 금방 드러났다. 영국과의 독립전쟁이 끝난 후 사후처리를 하는 과정에서 대륙의회 같은 의회제 기구가 대외관계업무에 매우 취약함이 노정된 것이다.

이런 배경을 뒤로 하고서 1787년 여름에 열린 헌법제정회의에서 조약체결권을 연방정부의 어느 기관에 줄 것인가 하는 문제가 제기되었다. 찰스 핑크니는 "상원이 선전(宣戰)과 조약체결에 관하여 단독적이며 배타적인 권한을 가져야 한다"고 주장하였다. 반면 알렉산더 해밀턴은 "집행부 수장이 상원의 조언과 승인 하에 모든 조약의 체결에 관한 권한을 가져야 한다"고 주장하였다. 해밀턴의 구상은 존 머서와 제임스 매디슨의 동의를

16) Ibid., pp. 228~229.

17) Ibid., pp. 232~233.

얻었으며, 1787년 9월 초에 발표된 초안은 "상원의 권고와 동의로써 대통령은 조약을 체결할 권한을 갖는다. …… 상원의 재석의원 2/3에 의하여 동의되지 않으면 조약은 체결될 수 없다"라고 규정하게 되었다.

초대 대법원장을 지내게 되는 존 제이는 당시에 익명으로 발표된 〈연방주의론〉(The Federalist Paper)의 제64호 논설에서 "대통령과 상원에게 조약체결권이 부여되어야 하는 이유는 조약 협상에 있어 요구되는 완전한 비밀성과 신속한 파견성(perfect secrecy and immediate dispatch) 때문"이라고 하였다.[18] 이러한 경위로 미국 헌법의 조약체결 조항이 채택되었다.

어떠한 이유에서 상원 재석의원 2/3의 동의를 얻도록 하였나를 두고는 여러 학설이 엇갈린다. 역사학자 사무엘 베미스는 "존 제이가 미시시피 강의 통항에 관한 스페인과의 협상에서 지나치게 양보하려는 데 대한 반발이 '2/3의 동의'라는 엄격한 정족수 조항이 나오게 되는 계기를 제공하였다"고 주장했다.[19] 하지만 "헌법제정자들은 외국과 지나치게 동맹관계를 맺는 것을 꺼려했기 때문일 것"이라는 해석이 보편적으로 받아 드려지고 있다. 조지 워싱턴이 대통령직을 물러나면서 "왜 우리의 운명을 유럽의 다른 지역과 결합시켜서 우리의 평화와 번영을 유럽의 야망과 대결, 이익, 유모어, 그리고 변덕에 맡겨 버리려고 하는가?"라고 반문한 것은 그러한 분위기의 표현이었다.[20]

---

18) Ibid., p. 233.

19) S. F. Bemis, A Diplomatic History of the United States (1965, N. Y.), pp, 79~90.

20) T. Franck and M. Glennon, op. cit., p. 236.

2. 조약체결에서의 의회의 역할

미국에서 조약 체결 과정은 다음과 같다. 대통령은 조약 협상 대표를 지명하고 그를 지휘한다. 협상 결과에 대하여 만족하는 경우에 대통령은 상원의 권고와 동의를 구한다. 상원의 동의를 얻게 되면 비로소 대통령은 비준(ratification)을 하여 결국 조약을 체결(make)하게 된다.[21] 따라서 상원의 동의는 대통령의 외교적 권한에 대한 중요한 견제(check)로서 작용한다. 동의에는 재석 2/3의 찬성이 요구되기 때문에 재석 상원의원의 1/3+1인만 결속하면 조약에의 동의를 거부할 수 있다.

이렇게 체결된 조약의 국내법적 효력은 그것이 자기 집행적(self-executory)인가에 따라 좌우되는데, 자기 집행적이지 못한 경우에는 이를 국내적으로 시행하기 위한 입법(implementing legislation)이 필요하다.[22] 어떠한 조약이 효력을 발휘하기 위하여 국내입법이 필요한 성질의 것('executory')이라면 국내법이 제정되어야만 한다는 것이다.

조약 체결에 관한 미국 헌법이 갖고 있는 가장 큰 문제점은 '상원 재석의원 2/3의 동의'를 얻어야 한다는 정족수 요건이다. '2/3 정족수'는 대통령의 조약체결권에 대한 중요한 견제이지만 재석 상원의원 1/3+1명에게 조약체결에 대한 비토권을 부여한 것과 같다. 20세기에 들어서서 미국이 국제무대의 주역으로 등

---

21) L. Henkin, op. cit., p. 130.

22) J. Nowak, R. Rotunda and J. Young, Constitutional Law (2nd Ed, 1983, West Publishing, St. Paul), pp. 205~206. 이에 관한 판례로는 Foster v. Nealson, 27 U.S. (2 Pet.) 253 (1829) ; Whitney v. Robertson, 124 U.S. 190 (1888).

장함에 따라, 이 같은 요건은 심각한 문제를 제기하였다. 많은 경우에 당파적 이유에서 상원은 조약체결에 대한 동의를 거부하였고, 이는 미국의 대외정책에 대한 신뢰를 위협하였다. 20세기 초에 국무장관을 지냈던 존 헤이는 조약체결을 두고 벌인 상원과의 싸움에 지친 나머지 "이제 미국이 중요한 조약을 체결할 가능성은 없으며", 상원에 이 같은 거부권을 준 것은 "헌법에 있어서 원천적인 실수"였다고 말했다. 제1차 세계대전이 끝난 후에 국제연맹을 탄생시킨 베르사이유 조약이 상원에서 동의를 거부당하자 상원은 '조약들의 묘지' ('grave-yard of treaties')로 불리게 되었다.[23]

조약 체결에 관하여는 다음과 같은 해석이 확립되어 있다. 첫째, 상원은 조약안에 대한 유보를 하여 통과시킬 수 있다. 이러한 경우에 대통령은 조약안에 대하여 상대방 국가와 재협상을 하여야 한다. 둘째, 상원은 처음에 거부하였다 하더라도 번복하여 동의할 수 있으며, 또한 동의하였다가도 번복하여 이를 철회할 수 있다. 하지만 대통령이 상원의 동의를 얻어 비준을 완료한 후에 상원이 동의를 철회하는 것은 이미 비준된 조약에 아무런 영향을 미치지 않는다. 셋째, 상원이 동의를 하였다 하더라도 대통령은 비준을 하지 않을 수도 있으며 이에 대하여 상원은 아무런 권한을 갖고 있지 못하다. 일단 성립한 조약의 해석에 관하여도 상원은 여하한 권한을 갖고 있지 못하다.[24]

23) L. Henkin, op. cit., p. 132.

24) Ibid., pp. 133~136.

Ⅳ. 미국에서의 행정협정 체결

1. 행정협정의 유래와 발전

미국 헌법에 의하면 모든 조약은 상원의 재석의원 2/3의 찬성에 의한 동의를 얻어서 대통령이 체결하여야 한다. 하지만 실제로는 많은 국제적인 합의문서가 이와 같은 헌법적 절차를 거치지 않고 행정부 책임 하에 체결되어 왔다. 이같이 행정부 책임 하에 체결되는 일체의 협정을 '행정협정'(executive agreement)이라고 통칭하는데, 미국 건국 초기부터 헌법관행으로 이용되어 왔다.

최초의 행정협정은 미국 건국초기인 조지 워싱턴 행정부 시대에 체결된 일련의 우편협정(Postal Acts of the Washington Administration)들인데, 사후에 의회의 동의를 얻었지만 상원 재석의원 2/3의 찬성이라는 헌법의 조약체결 동의 절차를 거치는 대신에 상·하원이 입법을 통해 동의를 표시했다. 이렇게 해서 '행정-입법협정'(executive-legislative agreement)이란 새로운 형태의 협정이 탄생했다.25)

그 후 '행정협정'이라고 통칭되는 국제적 합의는 미국의 대외 법률관계의 설정에 큰 비중을 차지하게 되었다. '행정협정'은 그 명칭이 협정(Agreement), 양해각서(Memorandum of Understanding), 의정서(Protocol) 등 무엇이든 간에 헌법에 규정된 상원에의 동의 절차를 거치지 않는 것을 모두 일컫는데,

---

25) T. Franck and M. Glennon, op. cit., p. 240.

흔히 '약식조약'이라고 부르기도 한다.[26)]

이러한 행정협정이 갖고 있는 가장 큰 문제점은 그것이 헌법상 허용되느냐 하는 것이다. 1945년에 마이어스 맥두걸은 헌법 제1조 10항이 "의회의 동의가 없이 주는 다른 주 또는 외국과 협정을 체결할 수 없다"고 규정한 것을 근거로 "주(州)가 외국과 협정(agreement or compact)을 맺을 수 있는데 연방정부가 이를 체결할 수 없다고 볼 수는 없기 때문에 헌법은 연방정부가 협정을 체결할 수 있을 것을 예상하였으며, 무엇보다도 헌법의 해석과 운용은 시대 변천에 따라서 하는 것이 합리적이며, 국제사회에서 미국의 역할을 고려한다면 상원의 재석의원 1/3이 미국의 대외정책을 방해할 수 있는 조약체결 보다는 행정협정을 사용하는 것이 당연하며, 하원이 과반수 결의로서 행정협정의 체결과정에 참여하는 것이 오히려 민주적이다"고 주장해서 큰 반향을 일으켰다.[27)]

행정협정은 제2차 세계대전 후에 미국이 국제관계에서 주도적 위치를 점하게 되자 양적으로 급속히 증가해서 조약보다도 더 중요하게 되었다. 1975년 상원 법사위원회 청문에서 밝혀진 바에 의하면, 1933~40년 간 루스벨트 대통령 재임 8년 동안 정식조약은 105건이 체결되었고 행정협정은 123건이 체결되었으며, 1945~52년 간 트루먼 대통령 재임 8년 동안에는 132건

26) 김영원, 미국의 행정협정에 관한 연구 (1988, 외무부 외교안보연구원, 서울), p. 2.

27) McDougal and Lans, Treaties and Congressional-Executive or Presidential Agreements : Interchangeable Instruments of National Policy, (Part Ⅰ) 54 Yale L. J. 181~351 (1945), (Part Ⅱ) 54 Yale L. J. 534~615 (1945).

의 정식조약과 1,324건의 행정협정이 체결되었고, 1969~ 73년간 닉슨 대통령 4년 임기 동안에는 63건의 정식조약과 846건의 행정협정이 체결되었다.28)

2. 행정협정의 체결과 의회의 역할

행정협정 체결에 있어서의 의회의 역할과 관련하여서는 다음 두 가지 문제가 있다.

첫째, 어떤 국제적 합의문서를 조약으로 체결한 것인가, 또는 행정협정으로 체결할 것인가 하는 것이다.

---

28) Hearings on S. 632 and S. 1251 Before the Subcommittee on Separation of Powers of the Senate Committee on the Judiciary, 94th Cong. 1st Sess. 467 (1975). J. Jackson and W. Davey, Legal Problems of International Economic Relations - Cases, Materials and Text (2nd Ed., 1986, West Publishing Co., St. Paul) p. 114에서 재인용.

1789년~1982년 기간중에 맺어진 정식조약과 행정조약의 통계는 다음과 같다.

기 간	정식조약 체결건수	행정협정 체결건수
1789-1839(50년)	60	27
1839-1889(50년)	215	238
1889-1939(50년)	524	917
1940-1973(33년)	364	6,395
1974-1979(5년)	102	2,233
1980-1982(2년)	55	1,063
계	1,320건	10,873건

Burns, Peltason, and Cronin, Government by the People, National Edition, 1985, p. 356 ; 김영원, 전게논문 p. 3에서 재인용.

어떠한 국제협정을 조약으로 체결하는가 또는 행정협정으로 할 것인가는 일단 행정부와 의회가 합의로 처리할 사안이다. 이에 관하여 의문점이 발생한 경우에는 국무부를 통하여 의회에 회부되며 그 과정에서 해결되는 것이 상례이다. 1964년에 국무부가 작성한 기준에 의하면 다음 사항에 관한 국제협정은 조약으로 체결되어야 한다.[29]

- 대상이 되는 사안과 그 처리가 전통적으로 조약에 의하여 다루어지는 경우
- 대상이 되는 사안과 그 처리가 전적으로 의회에 부여된 권한의 범위 내에 속하지도 않으며, 대통령의 헌법상 고유의 권한의 범위 내에 속하지도 않은 경우
- 국가 간의 합의가 의회의 입법 없이 국내법적 효력을 갖고 시행되어야 하는 경우
- 국가 간의 합의가 전체 국민에게 영향을 미치는 중요한 약속을 포함하는 경우
- 대외적인 약속에 최대한의 형식성을 부여하고 이와 유사한 형식을 상대국에 대하여도 요구하는 것이 바람직한 경우

이러한 준칙에도 불구하고 실제로는 중요한 사안의 경우에도 행정협정이 사용되었다. 이런 연유로 조약은 '핵실험금지조약'(Nuclear Test Ban Treaty)과 같이 위엄과 권위가 요구되는 경우에만 사용되기에 이르렀다.[30]

둘째, 일단 행정협정으로 체결하기로 결정된 후에는 어떠한

29) M. Whiteman, Digest of International Law, Vol. 14, p. 208, 김영원, 전게논문, p. 28.

30) 김영원, 전게논문, pp. 30~31.

형태의 행정협정으로 체결할 것인가가 문제가 되는데, 행정협정은 다음 세 가지로 나누는 것이 보통이다.[31)]

첫 번째는 헌법에 의하여 대통령의 고유 권한으로 인정되고 있는 분야에서 대통령이 단독적으로 체결하는 대통령 행정협정(Presidential Executive Agreement)인데, 군(軍) 총사령관으로서 체결하는 협정이 대표적인 경우이다.

두 번째는 기존의 의회 입법에 의하여 행정협정 체결이 수권(授權)되어 있거나 또는 행정협정을 체결한 후 의회의 동의를 얻는 의회 행정협정(Congressional Executive Agreement)이다.

세 번째는 상원의 동의로 체결된 기존 조약을 시행하기 위하여 그 조약에 의하여 체결되는 행정협정인데, 조약이행 행정협정(Treaty Implementing Executive Agreement)이라고 불린다.

미국이 체결한 행정협정의 약 90%는 의회의 동의를 얻은 두 번째 부류의 협정인데,[32)] 의회의 동의는 사전적일 수도 있고 사후적일 수도 있다. 따라서, 대통령은 의회의 사전 위임에 의하여 행정협정을 체결할 수도 있으며, 또한 대통령은 독자적으로 행정협정을 체결하고 사후에 국회의 동의를 얻을 수 있다.[33)] 의회의 동의를 구하는 형식은 상·하원 합동결의(joint resolutions), 또는 하원과 상원을 각각 과반수의 찬성으로 통과하는 정규의

---

31) J. Jackson and W. Davey, op. cit., pp. 113~114 ; 김영원, 전게논문, p. 49.

32) J. Sweeney, C. Oliver and N. Leech, The International Legal System (1981, The Foundation Press, Mineola), pp. 1042~1044.

33) J. Norwak, R. Rotunda and J. Young, op. cit., p. 207.

입법절차가 될 것인데, 의회의 승인을 사전에 또는 사후에 거친 행정협정은 조약과 동등한 효력을 갖고 있는 것으로 인정되며 시행에 있어서 국내입법을 필요로 하는 경우에 다시 입법을 하지 않아도 되는 장점도 갖고 있다.[34]

행정협정 체결에 있어서 당사국 중 한 나라는 의회의 동의를 필요로 하지 않는데 다른 당사국은 의회의 동의를 요하는 경우도 있다. 우리나라와 관계된 경우로는 1966년 7월 9일에 서울에서 서명된 한미행정협정('주둔군 지위에 관한 협정' : SOFA)이 대표적인데, 이 협정은 한국에서는 국회의 동의를 얻었으나 미국에서는 한미상호방위조약의 수권에 의하여 대통령이 체결한 행정협정이었다.[35]

34) L. Henkin, op. cit., pp. 175~176.

35) 김영원, 전게논문, p. 32.

V. 조약 체결에 관한 국회의 동의권

조약의 체결과 비준에 관한 국회의 동의권을 규정한 우리 헌법 제60조는 해석상 많은 문제점을 갖고 있다.

1. 동의가 요구되는 조약

우리나라에서 체결·비준에 있어 국회의 동의가 요구되는 조약은 "상호원조 또는 안전보장에 관한 조약, 중요한 국제조직에 관한 조약, 우호통상항해조약, 주권의 제약에 관한 조약, 강화조약, 국가나 국민에게 중대한 재정적 부담을 지우는 조약 또는 입법사항에 관한 조약"이다. 이 점은 모든 조약이 의회의 동의를 얻도록 한 미국 헌법 및 일본 헌법과 비교된다.

동의의 대상이 되는 조약은 위의 헌법 제60조에 열거된 것에 제한된다고 보는 견해[36]가 있는가 하면, 정치적 관계를 규율하는 조약, 국가경제에 관한 조약 및 입법사항에 관한 조약으로 대별하여 이러한 3대 분야에 속하는 조약이 모두 해당된다는 견해[37]가 있다. 그러나 헌법 제60조에 열거된 바는 상당히 광범하기 때문에 사실상으로는 별 차이가 없을 것이다.

여기서 조약이라 함은 형식적 의미의 조약(treaty)이 아니라 협약, 협정, 규약, 의정서 등을 포함하는 넓은 의미의 조약이라

---

36) 김철수, 신판 헌법학개론 (1985, 박영사), p. 766.

37) 갈봉근, 조약의 체결·비준에 대한 국회의 동의권, 고시계 1965년 8월호, pp. 75~82, p. 79.

할 것이다. 1966년에 체결된 우리나라에 주둔하고 있는 미군의 법적 지위에 관한 한미행정협정(SOFA)은 그 명칭이 '행정협정' 임에도 불구하고 우리나라에선 국회의 동의를 거쳐서 비준되었다.

1986년에는 한·미간의 통상현안문제를 타결하기 위한 협정이 국회의 동의절차가 필요한가를 두고 논란이 있었다. 1985년 9월부터 시작된 통상법 301조의 조사를 매듭짓기 위하여 1986년 7월 21일에 워싱턴에서 양국 정부대표에 의하여 서명된 협정은 당시의 3대 현안문제인 보험시장 개방, 지적소유권 보호 및 외국산 담배의 수입허용을 처리한 것이다. 이 협정의 정식 명칭은 '토의의 기록'(Records of Discussion)이며, 4개의 부속서(Annex)로 구성되어 있었다. 이 협정의 내용은 입법사항을 담고 있었으나 협정 그 자체는 국회의 동의절차에 회부되지 않았다. 그러나 국회가 필요한 입법조치를 취함으로써 일단락되었다.[38)]

1987년 9월 11일에 우리나라는 미국 정부와 '전략물품 및 기술데이타의 보호에 관한 양해각서'를 체결해서 우리 정부는 미국의 통제품목에 대하여 COCOM의 준칙을 적용하기로 동의했다.[39)] 이 양해각서에는 비준에 관한 언급은 없었으나 우리 정부는 이를 국회의 동의절차에 회부하였고, 국회는 이를 1989년 2월에 통과시켰다. 따라서 '양해각서'(MOU)라는 명칭의 국제적

---

38) 저작권법 개정, 1986. 12. 31, 법률 제3916호 ; 특허법 개정, 1986. 12. 31, 법률 제3891호 ; 컴퓨터 프로그램 보호법 제정, 1986. 12. 31 법률 제3920호.

39) 이상돈, 미국의 수출규제법, 법률신문 1989년 2월 27일 10면, 1989년 3월 2일 10면 참조.

합의문서가 우리 국회에 의하여 비준·동의된 선례를 남겼다.

2. 동의의 시기

헌법 제60조는 동의권을 가진다고만 할 뿐 그 시기에 관하여는 언급하고 있지 않다. 이를 두고서 학설은 대립되어 있다.

첫째 입장은 조약에 대한 국회의 동의권은 민주적 통제를 위한 것이기 때문에 국회의 의사는 서명조인(署名調印)만으로 성립하는 조약이든 비준을 요하는 조약이든 간에 언제나 서명 조인 전에 이루어져야 한다는 것이다.[40)]

둘째 입장은 서명 만에 의하여 체결되는 조약의 경우에는 체결 전에, 그리고 비준에 의하여 체결되는 조약의 경우에는 비준 전에 동의됨을 요하되 외교정책상 부득이한 경우에는 조약체결 후에 동의될 수 있다고 보는 것이다.[41)]

세 번째 견해는 비준에 의하여 확정되는 조약은 서명 후 비준 전에 국회의 동의가 필요하며, 비준을 유보하지 않고 서명하는 조약에서 국회의 동의는 체결에 대한 사후동의가 될 것이지만 이 경우 조약의 효력발생은 국회 동의 후가 될 것이라는 해석이다.[42)]

이러한 견해의 대립은 관행과 유리된 것이라서 큰 의미가 없다고 생각된다. 이런 논쟁은 우리 헌법의 문언에 문제가 있음을 보여 준다. 조약 '체결'(making)이란 '협상조약문의 확정→서명

---

40) 권영성, 헌법학원론 (1981년판, 법문사) pp. 159~160 ; 권영성, 헌법학원론 (1988년판, 법문사) p. 171.

41) 갈봉근, 전게논문, p. 80.

42) 김철수, 전게서, p. 766.

→비준'이란 전체 과정을 지칭하는 용어이기 때문에 "체결·비준에 대한 동의권"이라는 문언은 잘못된 것이다. 일반적으로 비준이란 제도가 널리 사용되고 있지만 조약법 협약은 그 이외에도 승인(approval)과 같은 관행도 인정하고 있기 때문에 헌법에 '비준'이라는 용어를 포함시키는 것도 바람직하지 않다.

어떠한 조약을 서명만으로 성립시키느냐 또는 비준을 필요로 하느냐는 조약체결의 당사자 간의 합의에 의하여 결정될 사항이다. 이러한 합의를 함에 있어 당사국은 자국의 헌법과 법률의 제한을 받는다. 당사국이 국내법에 의하여 의회의 동의를 요하는 사항에 관한 조약을 체결하려는 경우에는 비준을 필요로 하는 조약을 체결할 것이며, 이 경우 비준에 대하여 의회의 사전동의를 얻는 전형적인 과정을 거치게 된다. 당사국의 국내법에 의하여 의회의 동의가 필요치 않는 경우에는 당사국의 서명만으로 조약이 성립하도록 할 수 있다. 조약법 협약은 '정부의 승인을 조건으로 하는 서명'(signature ad referendum) 제도를 도입하였기 때문에 서명에 대한 사후승인에 앞서 의회의 동의를 얻을 수도 있다. 하지만, 해당국가의 국내법에 의해서 동의가 요구되는 조약은 대부분 비준 또는 승인에 의하도록 합의될 것이며, 이에 따라 조약의 비준 또는 승인에 대한 국회의 사전 동의라는 전형적인 절차를 거치게 될 것이다. 따라서 서명만으로 성립되는 조약에 대한 국회의 동의란 매우 드물 것이다.

3. 동의의 효과 · 동의 철회 · 수정 동의

국회가 동의를 하면 대통령은 비준을 할 수 있다. 하지만 국회의 동의가 결코 대통령으로 하여금 비준을 하도록 강요하는 것은 아니다. 대통령은 국회의 동의에도 불구하고 비준을 하지 않을 수도 있으며 비준 거부는 국제법상의 의무위반이 아니다.

국회는 일단 동의를 하였다 하더라도 이를 번복하여 철회할 수 있다. 대통령이 이미 비준을 한 다음에는 조약은 효력을 발휘하고 있기 때문에 국회의 동의철회는 아무런 효력이 없다.

국회가 조약안을 수정하거나 유보(reservation)를 포함시켜 통과한 경우에 이를 어떻게 볼 것인가 하는 문제가 있다. 국회는 이러한 수정동의를 통과시킬 수 있으며 이는 헌법상의 권력분립 원칙에 위배되지 않는다.[43] 국회가 수정 또는 유보를 가하여 동의한 경우 대통령은 조약체결을 포기하든가 상대방 국가와 재협상을 하여야 한다. 이러한 경우 상대방 국가가 조약체결을 먼저 포기하는 수도 있는데, 1900년에 미국에서 실제로 이러한 일이 발생한 바 있다.[44]

국회가 조약의 내용과 관계없는 조건을 전제로 동의할 수 있나 하는 문제가 있다. 예를 들면 외무장관을 파면하는 조건하에 동의할 수 있나 하는 것이다. 이러한 일은 실제로 발생한 적은 없지마는 국회는 어떠한 이유에서이든, 또는 아무런 이유도 없이 동의를 거부할 수 있기 때문에 국회의 이러한 결의를 위헌이라고 볼 근거는 없다.[45] 이 경우 대통령은 외무장관을 파면하고 비준을 하든가 조약체결을 포기하든가의 택일을 하여야 할 것이다.

---

43) L. Henkin, op. cit., pp. 133~134. 반대 견해로는, 갈봉근, 전게논문, p. 81.

44) Chun Shick Park, Treaty-making in the United States, 공법연구 제1집 (1971, 한국공법학회), pp. 85~107, p. 98.

45) L. Henkin, op. cit., pp. 135~136.

4. 국가의 동의요건에 위배된 조약의 효력

국회의 동의가 없이, 또는 국회가 동의를 거부하였음에도 불구하고 대통령이 비준을 한 조약의 효력은 어떠한가 하는 문제이다. 조약법 협약 제46조는 명확한 조항을 두어서 해결하였다. 조약법 제46조는 "어떠한 국가가 자국의 국내법에 위반하여 조약에 구속되는 동의를 표명하였다는 이유로 이의 무효를 주장할 수 있는 경우는 그 위반이 명백하고 또한 그 국가의 극히 중요한 법원칙에 관계되는 경우에 한한다"고 규정한다.

국제법상으로 이러한 조약이 유효하다고 하더라도 그것이 해당 국가의 국내법상으로 유효한가는 또한 다른 문제이다. 이런 경우는 거의 발생하지 않겠지만 과거에 사례가 없는 것도 아니다. 1919년에 아르헨티나 대통령은 헌법상 요구되는 국회의 동의를 얻지 않고 국제연맹 조약에 가입하였는데 얼마 후에 들어선 새 정권은 아르헨티나는 국제법상으로는 국제연맹의 회원국이되 국내법상으로는 국제연맹의 회원국이 아니라고 천명했다.[46]

5. 조약의 종료에 관한 국회의 동의권 여부

우리 헌법과 미국 헌법은 조약의 체결에 있어서는 국회의 동의를 얻도록 하고 있지만 조약을 종료(terminate)시키는데에 관하여는 언급이 없다. 조약은 자체로서 종료절차를 규정하기도 하는데 그러한 경우에는 폐기통고 절차 등을 거쳐서 일방 당사

46) Chun Shick Park, op. cit., pp. 104~105.

국이 이를 종료시킬 수 있으며 다변조약에서는 탈퇴할 수 있다. 그 외에도 조약법 협약 제60조는 일방적으로 종료시킬 수 있는 경우를 열거하고 있다. 이러한 경우에 대통령은 단독적으로 종료시킬 수 있는가 또는 국회의 동의가 필요한가 하는 문제인데, 종료는 대통령의 단독적 권한에 속한다는 견해가 미국에서는 지배적이나[47] 반대의견도 또한 유력하다.[48] 미국에서는 미국과 자유중국 간의 상호방위조약 폐기를 두고서 이러한 문제가 헌법 소송으로 발전한 바 있다.[49]

---

47) L. Henkin, op. cit., p. 136.

48) Reisman and McDougal, Who Can Terminate Mutual Defense Treaties?, National L. J., May 21, May 28, 1979; M. McDougal and W. Reisman, International Law in Contemporary Perspective (1981, Foundation Press, Mineola) pp. 1249~1255에 재록.

49) 미국-자유중국 간의 상호방위조약 폐기를 둘러싼 이 사건은 다음과 같은 것이다.

1970년대 초부터 미국은 중공(中共)과의 외교정당화를 모색하여 왔으며, 따라서 자유중국과의 외교단절은 시간문제로 여겨졌다. 그러던 중 1978년 9월 의회는 국제안보지원법(International Security Assistance Act)를 통과시켰는데, 이에는 "상호방위조약의 효력의 지속에 영향을 미치는 정책의 결정에 있어서 의회와 행정부는 사전협의하여야 한다"는 조항이 포함되어 있었다. 카터 대통령은 이 법안에 서명하였다. 1978년 12월 15일, 카터 대통령은 1979년 1월 1일부로 미국은 중공을 유일한 중국정부로 승인하며, 자유중국에 대한 승인을 철회하고 자유중국과 미국 사이의 상호방위조약은 그 조약의 종료 절차에 따라서 종료될 것이라고 발표하였다. 12월 23일, 국무부는 1년의 사전통고 기간을 두고 일방은 조약을 종료시킬 수 있다는 조항에 의거하여 상호방위조약이 1980년 1월 1일에 종료(terminate)될 것이라고 자유중국에 통보하였다.

국무부의 이러한 조치가 있기 전날인 1978년에 12월 22일, 배리 골드워터 상원의원을 위시한 8명의 상원의원과 16명의 하원의원은 의회의 동의가 없이 위의 조약을 일방적으로 폐기하는 것에 대한 선언적 및 금지적

구제를 요구하는 소송을 연방지방법원이 제기하였다. 1979년 6월 6일, 연방지방법원은 원고들에게 당사자 적격(standing)이 없다는 이유로 소를 각하(dismiss)하였다. 법원은 당시 상원이 이에 관한 결의안을 다루고 있음을 지적하였다. 그러나, 상원의 동의가 없이는 상호방위조약을 폐기할 수 없다는 결의안은 끝내 표결에 들어가지 못하였고, 이에 원고들은 6월 6일의 각하결정을 번복하여 줄 것을 6월 12일에 지방법원에 신청하였다. 10월 17일, 연방지방법원은 "원고들이 사실상 피해(injury - in - fact)를 입었으며 또한 이 문제는 사법적으로 다루어 질 수 없는 정치적 문제(non - justiciable political question)가 아니다"고 판시하였다. 본안문제에 있어서 동 법원은 "조약의 폐기는 정부의 정치적인 부(府)에 공통적인 충격을 가져오는 조치로서 조약의 체결과 마찬가지로 의회와 행정부의 공동적인 권한에 속하며, 조약은 법이며 대통령은 법을 성실히 지켜야 할 헌법상 의무가 있기 때문에 대통령이 조약을 단독적으로 폐기할 수는 없다"고 하였다. 결론적으로 지방법원은 "상원의 2/3 이상의 찬성, 또는 상·하원의 각각의 과반수 찬성에 의한 동의가 있어야만 대통령은 조약을 파기할 수 있다"고 하여 자유중국정부에 대한 국무부의 통고는 무효라고 판시하였다. Goldwater v. Carter, 481 F. Supp. 949 (D. D. C. 1979).

이에 카터 행정부는 즉시 항소하였는데 연방항소법원은 원고의 당사자 적격을 확인하였으나 본안문제에서 "조약의 폐기권한은 대통령의 단독적 권한에 속한다"고 판시하고 원심을 파기하였다. Goldwater v. Carter, 617 F. 2d 697 (D. C. Cir. 1979) 항소법원은 "헌법이 대외관계에 대한 권한을 대통령에게 일반적으로 부여하고 있으며, 조약체결에 있어서 상원의 2/3 이상의 찬성을 얻도록 한 것은 특별하게 엄격한 조항이기 때문에 유지될 수 없다"고 지적하였다. 그리고, "헌법은 대통령이 각료를 위시한 중요관리를 임명할 때 상원의 인준을 받도록 요구하지만 그렇다고 해서 해임의 경우에도 상원의 동의가 필요한 것이 아님"을 예로 들었다. 마지막으로 항소법원은 "국제정세의 급변으로 인하여 대통령은 어떤 조약을 즉시 폐기할 필요성도 있다"고 지적하면서, "헌법은 여하한 의미에서이든 조약의 폐기에 있어서의 상원의 역할을 상정하고 있지 않기 때문에 이는 대통령의 전속적 권한에 속하는 것"이라고 판시하였다. 라이트 판사와 탬 판사는 원고에게 당사자 적격이 없다고 하였고, 매킨논 판사는 반대의견을 발표하였다.

(〈중대논문집〉 제32집, 1989년)

사건은 결국 연방대법원에 상고되었는데 연방대법원은 여하한 다수의견을 형성하지 못하여서 판결이유도 없이 항소를 기각하고 지방법원으로 하여금 소를 각하하도록 환송하였다. Goldwater v. Carter, Memorandum Decision, 444 U. S. 997 (1979), 렌퀴스트 대법관은 별개 의견을 통하여 "이 사건이 정치적 문제(political question)이며 따라서 사법쟁송성(justiciability)이 없다"고 주장하였고, 이에는 버거 대법원장과 스튜어트 대법관 및 스티븐스 대법관이 동조했다. 브레넌 대법관은 "대통령이 중공정부를 승인하는 권한을 행사하는 과정에서 조약을 파기하였기 때문에 대통령의 조치를 의심할 수는 없다"는 내용의 별개의견을 제출하였다. 파월 대법관은 "이 사건은 결코 정치적 문제가 아니지만 당시 의회가 이 문제를 다루고 있었기 때문에 사법심사를 받을 만큼 성숙해 있지 않아서(not ripe for judicial review) 각하되어야 한다"고 별개의견을 발표하였다.

제 8 장

미국의 프라이머리(예비선거) 제도

Ⅰ. 머리말

2002년 대통령 선거와 2007년 대통령 선거에서 우리 국민은 그 전에는 보지 못한 대선 후보 선출과정을 보았다. 2002년 대선에선 민주당의 노무현 후보와 무소속 정몽준 후보가 여론조사로 후보를 단일화했다. 2007년 대선 경선 과정에선 나중에 대통합민주당으로 당명을 바꾼 열린우리당이 후보를 오픈 프라이머리(open primary)라고 부르는 완전개방형 국민경선을 통해 선출하겠다고 밝혔다.[1] 한나라당의 경우 이명박 진영은 오픈 프라이머리를 실시하자고 했고, 강재섭 당 대표와 박근혜 전 대표는 이에 부정적 입장을 고수했었으나 결국에는 여론조사 결과를 반영하는 절충안을 대안으로 채택했다. 한나라당이 채택한 이

1) 이에 대한 상세는 김종갑, 오픈프라이머리 도입 논의와 한국적 수용가능성, 사회과학연구 제15집 2호 (2007년), 214~235쪽 참조.

같은 경선방식으로 인해 박근혜 전 대표가 후보가 되지 못하고 이명박씨가 후보가 된 것으로 알려지고 있다. 민주당도 대의원과 당원의 투표 외에 여론조사 결과를 반영해서 정동영씨를 후보로 선출했다. 2012년에 있을 총선과 대선에서도 한나라당과 민주당은 각기 국민경선 제도를 통해 후보를 결정하겠다고 한다.

우리나라 공직선거법은 정당의 후보 경선에 대해선 특별한 절차를 정하지 않으며 단지 제47조가 "정당이 후보자를 추천하는 때에는 민주적 절차에 따라야 한다"고 규정할 뿐이다. 따라서 정당은 대의원 총회를 통해 후보를 정할 수도 있고, 당원들이 선출한 당대표 기구가 후보를 정할 수도 있다. 다만 공직선거법 제52조는 "정당추천 후보자가 당적을 이탈 변경하거나 2 이상의 당적을 가지고 있는 때, 소속정당의 해산이나 그 등록의 취소 또는 중앙당의 시도당 창당승인취소가 있는 때"는 그 후보자의 등록이 무효화된다고 규정해서 후보자의 정당이탈을 금지하고 있다.

공직선거법 제57조의2는 "정당이 당내경선(당내경선의 후보자로 등재된 자를 대상으로 한 정당의 당헌 당규 또는 경선후보자간의 서면합의에 따라 실시한 당내경선을 대체한 여론조사를 포함한다)을 실시하는 경우 경선후보자로서 당해 정당의 후보자로 선출되지 아니한 자는 당해 선거의 같은 선거구에서는 후보자로 등록될 수 없다. 다만, 후보자로 선출된 자가 사퇴 사망 피선거권 상실 또는 당적의 이탈 변경 등으로 그 자격을 상실한 때에는 그러하지 아니한다"고 규정한다. 이 조항은 1997년 대선 당시 한나라당 경선에서 패배한 이인제씨가 탈당해서 독자적으로 출마한 것을 계기로 추가된 것이다. 따라서 경선에 참여했던 후보가 탈당해서 선거에 출마할 수 없게 되었다.

공직선거법 제57조의3은 "정당이 당원과 당원이 아닌 자에게 투표권을 부여하여 실시하는 당내경선에서는 (법이 정하는) 방법 외의 방법으로 경선운동을 할 수 없다"고 규정해서 당원이 아닌 자가 당내경선에 참여할 수 있음을 인정하고 있다. 이처럼 우리나라 공직선거법은 정당의 후보선출에 있어 일반인을 상대로 한 여론조사도 가능하며, 당원이 아닌 사람이 후보경선에 있어 투표하는 것을 허용하지만 경선에 참여하는 후보자는 탈당해서 본선에 출마하는 것을 금하고 있다. 따라서 당원이 아닌 일반인도 정당이 주관하는 후보 경선에 참여할 수 있게 해서 정당의 기능을 약화시키면서, 또 한편으로 그러한 경선 결과에 불복해서 독자적으로 출마할 수 없도록 하는 일종의 모순을 초래하고 있다.

우리나라 공직선거법은 당원이 아닌 사람이 정당의 후보 결정에 참여하는 것을 허용하고 있어서 헌법이 보장하는 정당의 자주적 의사결정권을 침해하는 것이 아니냐는 논란을 불러일으킬 수 있다. 여론조사 결과를 경선에 반영시키는 것 또한 마찬가지다. 공직선거법은 이런 제도가 공직선거법에 위반하지 않음을 분명히 하고 있지만 공직선거법의 이 조항 자체가 헌법이 보장하는 정당의 자치와 자율이란 가치를 훼손한다고 주장할 수 있는 소지는 여전히 존재한다.

우리나라 공직선거법이 흔히 '오픈 프라이머리'라고 불리는 국민경선제를 금지하는 것은 아니지만, 선거에 출마할 후보를 뽑는 경선과정에 당원이 아닌 일반국민이 참여할 수 있도록 하는 완전한 오픈 프라이머리가 과연 우리의 정당법의 기본정신에 합치하는지는 의문이다. 특히 선거 때 당원들이 후보를 선출하는 '폐쇄형 프라이머리'도 제대로 실시해 본 적이 없는 상황에서 오픈 프라이머리를 실시하겠다는 것은 대단한 파격이 아닐 수 없다. 무엇보다 이 제도가 헌법이 보장하는 정당의 자유 및 결사의 자유와 부합하는지에 대한 성찰도 없이 이를 정략적 목적으로 이용하려 한다면 그것도 큰 문제가 아닐 수 없다.

오픈 프라이머리는 물론이고, 프라이머리라고 부르는 예비선거 제도 자체가 미국에서 성장해 온 대단히 미국적인 제도라는 사실에 주의해야 할 것이다. 따라서 과연 우리가 이런 제도를 선뜻 도입할 수 있는지도 문제가 아닐 수 없다. 다만 2005년에는 이태리의 좌파 연합이 오픈 프라이머리 흥행을 통해 총선에 승리해서 미국에서 발전한 프라이머리가 다른 나라에도 정착할 수 있는지가 주목되고 있으나 이태리에서 시행한 프라이머리는 미국에서의 그것과는 사뭇 다르다는 점에 주의해야 할 것이다.[2)]

2) 2005년에 열린 이태리의 몇몇 지방선거에서 좌파 연합 유니언은 오픈 프라이머리로 후보를 선정해서 주목을 샀다. 반면 우파 연합인 자유연맹은 프라이머리를 실시하기를 거부했다. 이러한 좌파의 실험은 일단 성공한 것으로 보인다. 2005년 1월에 열린 아뿔리아(Apulia) 주지사 선거에서 좌파 연합은 처음으로 오픈 프라이머리를 통해 공산당 후보를 선출해서 본선에서 승리했다. 2005년 12월에 열린 시칠리 지사 선거, 그리고 2006년 1월에 열린 밀라노 시장 선거에서 좌파연합은 오픈 프라이머리로 후보를 뽑아 본선거에서 승리했다. 좌파 연합의 오픈 프라이머리는 법적 근거가 없이 당 차원에서 이루어진 것이다. 한편 2004년 12월 투스카니 주는 정당은 지방선거 후보를 프라이머리로 선출하도록 하는 법령을 제정했다.

보다 중요한 오픈 프라이머리는 좌파 연합이 2005년 10월 16일에 오픈 프라이머리를 통해 당대표를 선출한 사실이다. 이태리 전역 59,816개소에 투표함이 설치되었는데 광장과 지방 당사무소는 물론이고 심지어 레스토랑과 이발소에도 설치되어 편리하게 투표를 할 수 있게 했다. 지역의 당원들이 투표함을 관리했는데, 전국에 걸쳐 4백만 명이 투표에 참가했다. 개표 결과 유효투표의 74%를 얻은 로마노 쁘로디(Romano Prodi)가 당대표로 이러한 논의에 있어서 미국에서 프라이머리가 발전하게 된 배경과 발전 과정, 그리고 이를 두고 벌어진 논쟁과 소송은 이른바 국민경선제가 무엇인가를 이해하는 데 많은 참조가 된다. 미국에서는 프라이머리에 참여할 수 있는 자격을 확대하고자 하는 대중참여 정치운동과 당원이 주인이라는 전통적 견해가 첨예하게 대립해서 결국은 연방법원에서 소송으로 발전된 바 있다.

미국 대법원은 몇 차례 판결을 통해서 정당의 결사권(結社權)과 참여민주주의와의 충돌을 해결해 왔는데, 본고는 프라이머리를 둘러싼 미국에서의 논쟁과 관련된 판례를 분석해서 우리나라의 이른바 국민경선제도를 다시 조명해 보고자 하는 것이다. 여기서 다루는 프라이머리는 대통령 후보를 선출하는 프라이머리에 국한하는 것이 아니고 상·하원 의원과 주지사 등 선거로 뽑는 공직에 적용되는 모든 프라이머리에 관한 것이다.[3]

선출되었다. 2006년 4월 총선에서 쁘로디가 이끄는 좌파 연합은 실비오 베를루치코니 총리가 이끄는 우파 연합에 근소한 차이로 승리해서, 쁘로디는 그 해 5월 총리에 취임했다. 쁘로디가 승리한 프라이머리는 인기투표 같은 것이었지만 좌파 연합의 집권에 기여했을 것으로 보는 것이 일반적 평가이다.

http://en.wikipedia.org/wiki/Primary_elections_in_Italy.

3) 미국 대통령 후보를 선출하는 예비선거에 대해선 다음과 같은 국내문헌이 있다. 안순철, 미국의 예비선거 (2005년, 단국대 출판부); 대전광역시 선거관리위원회, 미국의 대통령 선거제도 (2008년, 대전광역시 선거관리위원회).

Ⅱ. 미국에서의 선거권과 정당

1. 역사적 배경과 발전

미국 건국의 아버지들인 헌법 제정자들은 파당 정치가 불가피하게 발생할 것임을 알고서 그것이 초래할 수 있는 부작용을 억제하는 데 관심을 갖고 있었다. 헌법 제정에 큰 역할을 한 제임스 매디슨은 〈연방주의론〉(The Federalist Papers)에서 파당(派黨)의 폐해를 감소하기 위해선 사회 전체의 영역을 확장시켜서 다양한 파당과 이해관계를 포괄할 수 있게 해서 다수가 다른 시민의 권리를 침범하지 않도록 해야 한다고 했다. 그러면서도 매디슨은 어느 정도 교육과 재산이 있는 남성이 책임있는 유권자가 될 것이라고 했다.[4]

미국 헌법 초안이 마련되고 이것을 각주(州)가 비준할 18세기 말에 대부분의 주는 어느 정도 재산을 갖고 있는 사람만이 투표를 할 수 있도록 했다. 많은 주는 세금을 납부하거나 병역을 한 남성에게만 투표권을 인정했다. 여성과 아이들은 남성에게 예속된 것으로 보아 투표권을 인정하지 않았다.[5] 투표권이 대부분의 백인 남성에게 인정된 계기는 앤드루 잭슨 대통령의 당선을 불러 온 '잭슨 민주주의 운동'(Jacksonian Democracy Movement)의 영향이었다.[6]

---

4) James W. Fox., Jr., Citizenship, Poverty, and Federalism : 1787-1882, 60 U. Pitt. L. Rev. 421, 443 (1999).

5) Ibid., p. 471.

6) Jacob Katz Cogan, The Look Within : Property, Capacity, and Suffrage

미국에서 최초로 대중참여 민주주의 정치를 불러일으킨 제7대 대통령 앤드루 잭슨과 그를 따르는 세력들이 일으킨 일련의 정치개혁운동을 흔히 '잭슨 민주주의'라고 부르는데, 잭슨 민주주의는 미국의 정당정치에 많은 변화를 가져왔다. 1840년대까지 투표권이 모든 백인 남성에게 인정되었으며, 정당은 컨벤션, 즉 전당대회를 실시하게 됨에 따라 코커스라고 부르는 절차를 통해 정당의 파워 보스들이 후보를 결정하던 종전의 관행을 버리고 전당대회에서 대의원들이 후보를 선출하게 되었다.[7]

남북전쟁 후에 공화당이 지배한 의회는 인종을 이유로 한 투표권 차별을 금지하는 헌법 수정 15조를 통과시켰으나, 남부에서 연방군이 철수한 후에 남부 주들은 투표권을 행사하기 위한 요건으로 거주지와 문자해득 능력을 요구하고 투표세(稅)를 부과해서 흑인들의 투표를 사실상 봉쇄시켜버렸다.[8] 1920년에 여성에게 참정권을 부여하는 헌법 수정 19조가 효력을 발휘해서 여성이 투표를 할 수 있게 되었고, 1965년에는 투표권법(The Voting Rights Act)이 제정되어 비로서 유색인종에 대한 사실상의 투표권 차별이 금지되었다. 의회는 1970년에 투표권법을 개정해서 18세가 되면 투표권을 갖도록 했는데, 이 조항이 연방

---

in Nineteenth Century America, 107 Yale L. J. 473, 484 (1997).

7) Ronald P. Formisano, The 'Party Period' Revisited, 86 Journal of American History 93 (June, 1999); Glenn C. Altschuler and Stuart M. Blumin, Limits of Political Engagement in Antebellum America : A New Look at the Golden Age of Participatory Democracy, 84 Journal of American History 855 (Dec. 1997).

8) 상세는 다음 문헌 참조. Danya L. Cunningham, Who Are to be the Electors? A Reflection on the History of the Voter Registration in the United Sates, 9 Yale L. & Policy Rev. 370 (1991).

대법원에 의해 위헌으로 판시되자[9] 18세가 되면 투표권을 행사하도록 하는 헌법 수정안 25조가 1971년에 의회를 통과하고 주(州)의 비준을 거쳐 확정되었다.

2. 후보 선출과 예비선거

미국은 대통령과 상·하원 의원, 주지사, 시장 등 많은 직책을 선거로 뽑는다. 선거에서 당선되기 위해서 민주 공화 양당의 후보로 선출되는 것이 중요하다. 무슨 직책이든 무소속 후보가 당선될 가능성이 매우 낮기 때문이다. 따라서 각 정당이 실시하는 예비선거, 즉 프라이머리(primary)는 공직선거의 첫 관문이다. 이러한 프라이머리는 대중 민주주의의 변혁과 더불어 발전해 왔다.

미국 헌법은 유권자의 자격과 프라이머리 등 선거과정에 대해 명확하게 규정하고 있지 않고 이를 주(州)의 입법에 위임하고 있다.[10] 남북 전쟁 후에 추가된 헌법 수정 15조는 인종을 이유로 투표할 수 있는 권리를 제약하는 것을 금지했고, 1920년에 발효한 헌법 수정 19조는 성(性)을 이유로 투표권을 제약하는 것을 금지했고, 1971년에 통과된 헌법 수정 26조는 18세 이상 되면 투표권을 제약당하지 아니하도록 보장했다. 그러나 프라이머리에 대해선 헌법은 물론이고 연방법도 침묵하고 있어서 과연 프라이머리를 주 의회가 규제하는 경우에 이에 대한 헌법적 심사가 가능한지도 의문시되어 왔다.

---

9) Oregon v. Mitchlell, 400 U.S. 112 (1970).

10) U.S. Constitution Art. I, § 2, cl. 1, § 4, cl. 1.

그러다가 1927년 연방대법원은 "흑인은 어떠한 경우에도 정당의 프라이머리에 참여할 수 없다"고 규정한 텍사스 주법을 위헌으로 판결했다.[11] 텍사스 민주당은 이 판결이 있은 후에 당규를 개정해서 "단지 백인만이 민주당의 당원이 될 수 있으며, 정당의 프라이머리에 참여할 수 있다"고 규정했다. 그러나 연방대법원은 이 개정된 조항도 위헌으로 판시했다.[12] 대법원의 다수 대법관 5인은 "텍사스 민주당의 이러한 당규는 주법에 의해서 부여되는 것이라서 헌법 수정 14조가 적용된다"고 판시했다. 4명의 소수 대법관은 "정당은 그 당원을 스스로 구성할 수 있는 권한을 갖는 자발적 조직(voluntary association)"이라는 이유에서 반대의견을 냈다. 5 대 4로 분리된 이 판결은 정당의 본질에 관한 논쟁을 유발시켰지만, 보다 중요한 것은 정당과 주와의 관계이며, 정당이 정부의 기능을 행사하고 있기 때문에 기능적 측면에서 접근해야 한다는 비판이 제기되기도 했다.[13] 여하튼 이렇게 해서 프라이머리를 규제하는 주법은 연방법원에 의한 헌법적 심사를 피해 갈 수 없게 되었다.

---

11) Nixon v. Herdon, 273 U.S. 536 (1927).

12) Nixon v. Condon, 286 U.S. 73 (1932).

13) Note, The White Primary in Texas Since Nixon v. Condon, 46 Harv. L. Rev. 812 (1933).

Ⅲ. 프라이머리의 유래와 발전

1. 프라이머리의 기원 : 위스콘신 주

1902년에 위스콘신 주는 프라이머리에 관한 법률을 제정해서 정당은 후보자를 유권자들이 직접 참가하는 프라이머리를 통해서 결정하도록 했다.14) 1866년에 캘리포니아 주와 뉴욕 주가 최초로 프라이머리에 관한 법률을 제정했고, 1890년까지 절반 정도의 주가 프라이머리에 관한 법률을 제정하기에 이르렀지만 어느 주도 정당이 프라이머리를 시행하라고 강제하지는 않았고 컨벤션을 실시하고 거기에 참여할 수 있도록 하는 정도였다.15) 반면에 위스콘신 주는 프라이머리를 실시하도록 강제했다.

19세기 말에 프라이머리 같은 제도를 도입해야 한다는 여론이 생긴 것은 민주당이 몰락해서 공화당에 대한 견제가 없어진 데 대한 반작용이었다. 특히 1896년 선거에서 민주당은 공화당에 상대할 만한 정당으로서의 위상을 상실했고, 이로 인해 공화당의 당내 경쟁이 사실상 본선거와 같은 결과를 초래했다. 이런 현상을 비판적으로 보는 사람들이 늘어났는데, 당시 성행했던 개혁운동(progressive movement)으로 인해 그 같은 정치과정

14) Joseph A. Ranney, Law and Progressive Era, Part 1 : The Good Government Movement in Wisconsin, 1891-1921, Wisconsin Lawyer 2010, http://www.wisbar.org/AM/Template.cfm?Section=Wisconsin_slegal_history&template+./CM/C--.

15) C. E. Merriam and L. Overacker, Primary Elections (Chicago. 1928), pp. 8~22. Joseph A. Ranny, supra note 14에서 재인용.

을 개혁해야 한다는 여론이 팽배했기 때문이다.[16)]

Robert Marion LaFollette

이러한 사회적 배경을 뒤로 하고 1902년에 위스콘신 주 의회는 최초로 정당이 프라이머리를 통해서 후보자를 결정하도록 하는 주법을 제정했다. 그러자 많은 주들이 위스콘신을 본받아서 프라이머리를 거치도록 하는 법률을 제정하기 시작했고, 1917년까지 46개 주가 프라이머리법을 제정하기에 이르렀다.[17)] 프라이머리를 실시함에 따라 정당의 파워 엘리트가 행사하던 정치적 권력이 일반 유권자로 이관되는 효과를 가져왔는데, 위스콘신 주에서 이런 움직임이 일어난 데는 다음과 같은 배경이 있다.[18)]

위스콘신에서 프라이머리가 강제화된 데는 위스콘신 출신 공화당원으로 1901~06년간 위스콘신 주지사를 지내고 1906~25년 동안 상원의원을 지낸 개혁주의자 로버트 라폴레트(Robert M. LaFollette)에 힘입은 바 크다. 당시 미국을 풍미했던 '개혁의 시대'(Progressive era) 흐름에 힘입어서 위스콘신의 개혁주의자들은 '좋은 정부 운동'(Good Government Movement)을

16) Gary D. Allison, Protecting Party in the Selection of Nominees for Public Office : The Supremes Strikes Down California's Blanket Primaries and Endanger the Open Primaries of Many States, 36 Tulsa L. J. 59, 61~62 (2005).

17) Paul Allen Beck and Frank I. Sorauf, Party Politics in America (6th ed., 1988, Harper Collins), pp. 243~244.

18) Joseph A. Ranney, supra note 14.

전개했는데, 여기에는 주민들이 직접 프라이머리에 참여하며, 직업공무원제를 확립하고 세법을 개혁하는 개혁 프로그램이 포함되어 있었다.

위스콘신은 1891년에 밀워키의 지방공직 선거에서 프라이머리를 실시하도록 하였고, 1899년에는 정당 코커스(Caucus)를 불법으로 규정하는 등 중서부에서 일어난 개혁운동에 앞장섰다. 라폴레트는 1897년에 모든 주 선거에서 프라이머리를 거치도록 하자고 처음으로 주장했다. 1900년에 라폴레트가 주지사에 당선되자 개혁주의자들이 다수석을 차지한 위스콘신 하원은 주와 카운티의 모든 선거와 의원선거에 프라이머리를 거치도록 하는 법안을 통과시켰다. 하지만 이에 반대하는 기존세력이 다수를 점하고 있는 상원은 이를 거부했다. 그 대신 상원은 카운티 선거에서 프라이머리를 하도록 하고 그것도 주민투표에서 통과되어야 시행하도록 하는 법안을 통과시켰는데, 라폴레트 주지사는 이 법안에 거부권을 행사했다.

1902년 선거에서 라폴레트가 다시 주지사에 당선되자 수구파들은 양보를 해서 1904년 선거 때 주민투표를 하는 조건으로 모든 선거에서 프라이머리를 하는 법안이 통과되었다. 수구파들은 1904년 주지사 선거에서 라폴레트를 공화당 후보에서 밀어내려고 시도했고, 라폴레트가 주지사 후보로 지명되자 그것을 부인하기 위한 소송을 제기했으나 결국에는 라폴레트가 주지사에 당선되었다. 주민들이 직접 프라이머리에 참가하도록 하는 법안은 주민투표에서 62%대 38%이란 압도적 차이로 승인되어 최종적으로 통과되었다.

주민투표로 프라이머리를 시행하도록 하는 법률이 통과되자 공화당 수구파들은 이 법률이 위헌이라면서 주 대법원에 소송을 제기했고, 1910년에 주 대법원은 State ex rel. Van Alstyne v. Frear 사건에서 "프라이머리를 하도록 한 주법은 주 헌법이 보장하는 결사의 자유를 침해하지 않는다"고 판시했다.[19] 주 대법원의 다수의견 판결을 쓴 마셜 대법관은 그 법이 "기존정당의 기능을 보존하면서도 새 정당이 생길 수 있도록 하며, 정당의 기능을 명백하게 훼손하는 바는 없다"고 했다. 반대의견을 낸 윈슬로 대법원장은 "프라이머리 제도로 인해 소수정당이 사라져 갈 위험이 있다"고 했다. 위스콘신 주 대법원은 그 후로도 지방정부 선거에서 정당 개입을 금지한 주법을 지지하면서 주 의회가 정치과정을 규제할 수 있으며 그것이 정당의 자유를 저해하는 것이 아니라고 판시했다.[20] 이렇게 해서 프라이머리가 미국에 합법적 제도로 뿌리를 내렸다.

2. 폐쇄형 프라이머리와 오픈 프라이머리

위스콘신 주가 처음 도입한 프라이머리 제도는 당원이 참가할 수 있는 프라이머리, 즉 지금 말하는 폐쇄형 프라이머리('closed primary')였다. 어느 정당의 프라이머리에 참여하려는 유권자들은 미리 그 정당에 가입하거나 등록을 하는 등 그 정당에 자신을 연계시켜야 한다. 그 다음에 자기가 등록한 정당이 실시하는 예비선거에 참여해서 예비선거에 출마한 후보 중 한명을 선택하고, 본선거 당일에 정당이 선출한 후보자들 중 선택하여 투표를 한다. 이런 제도가 전통적인 프라이머리, 즉 폐쇄형

---

19) 142 Wis. 320, 125 N.W. 961 (1910).

20) State ex rel. Binner v. Buer 174 Wis. 120, 182 N.W. 855 (1921).

프라이머리이다.[21]

위스콘신이 프라이머리법을 제정한 후에 다른 주도 프라이머리를 도입했는데, 점차 당원이 아니더라도 투표 당일에 해당 정당에의 연관(affiliation)을 선언하면 그 정당의 프라이머리에 참여할 수 있게 하는 등 참여의 폭을 넓혀갔다. 그러다가 정당에의 연관을 선언하지 않고도 프라이머리에 참여할 수 있는 오픈 프라이머리를 채택하는 주가 생기기 시작했다. 폐쇄형 프라이머리를 택하느냐 또는 오픈 프라이머리를 택하느냐는 각 주가 자체적으로 결정할 문제이다.

오픈 프라이머리를 택한 주에서 유권자는 자신의 당적(黨籍)에 관계없이 프라이머리 당일에 정당 하나를 선택해서 그 정당의 후보자에게 투표할 수 있다. 당적을 갖고 있는 유권자는 그 정당의 프라이머리에만 참가할 수 있지만 당적이 없는 사람은 프라이머리 당일에 어느 정당에든 투표할 수 있는 경우를 준개방형(semi-open) 프라이머리라고 부른다. 이러한 준개방형 프라이머리는 학자에 따라 폐쇄형으로 보기도 하고 또 개방형으로 보기도 한다. 오픈 프라이머리 중에도 유권자가 자신이 어느 정당의 프라이머리에 참가하는지를 공개하고 투표하는 경우가 있는가 하면 그것을 공개하지 않고 투표하는 경우가 있는데, 후자를 진정한 오픈 프라이머리라고 부르기도 한다.

오픈 프라이머리에서도 유권자는 자기가 선택한 한 정당의 프라이머리에만 참가할 수 있다. 즉 유권자는 투표소에 가서 그가 선택한 정당의 투표지를 받아 대통령 상원의원 하원의원 주지사

21) Elisabeth R. Gerber and Rebecca B. Morton, Primary Election System and Representation, 14 J. Law. Eco. & Org. 304, 308 (1998).

등을 뽑는 선거에서 그 정당의 후보가 되겠다는 사람들 중에 투표하는 것이다. 오픈 프라이머리를 하는 주의 프라이머리 참여율이 높은 것으로 나타나고 있으며, 주는 프라이머리에 참여할 수 있는 정당의 요건을 정할 수 있는데 이런 요건은 군소정당에게 장벽으로 작용한다.[22]

각주 마다 약간 씩 다른 구조를 갖고 있어서 몇 개의 주가 오픈 프라이머리 제도를 갖고 있고, 몇 개의 주가 폐쇄형 프라이머리를 실시하느냐는 조사하는 사람에 따라 차이가 난다. 1990년을 기준으로 본다면 위스콘신 조지아 버지니아 텍사스 등 23개 주가 오픈 프라이머리를, 뉴욕 플로리다 캘리포니아 펜실베이니아 등 17개 주가 폐쇄형 프라이머리를, 메인 등 7개 주가 중간형태의 프라이머리를, 워싱턴과 알래스카가 블랭킷 프라이머리(blanket primary)를, 그리고 루이지애나가 비(非)정당적 프라이머리(non-partisan primary)를 시행하고 있다고 본다.[23] 중간형 프라이머리는 오픈 프라이머리에 가까운 경우도 있고 폐쇄형 프라이머리에 가까운 경우도 있다. 캘리포니아, 워싱턴, 그리고 루이지애나는 최근에 제도를 바꾸어서 많은 논쟁을 일으켰다.

---

22) Trevor Potter, Barrier to Participation, 36 U. Mich. J. L. Reform 547 (2003).

23) Alexander Bott, Handbook of the United States Election Laws and Practices (New York, Greenwood Press). Elisabeth R. Gerber and Rebecca B. Morton, supra note 21, p. 307에서 재인용.

IV. 1980년대의 발전

1. 위스콘신 사건 : "주법은 전국당 당규에 우월할 수 없다"

위스콘신의 프라이머리는 1980년대에 들어서 또 다시 법원의 테스트를 받게 되었다. 1980년에 위스콘신 주는 선거법을 고쳐서 정당에의 소속이나 연관에 관련없이 그 정당이 시행하는 프라이머리에 참여할 수 있는 오픈 프라이머리를 시행해오고 있었는데, 프라이머리가 끝난 후에 정당의 컨벤션에 참가하는 대의원들은 프라이머리의 결과에 따라 투표를 하도록 하였다.

이에 전국 민주당(National Democratic Party)은 위스콘신 주법이 오픈 프라이머리로 대통령 후보를 선출하는 것은 당규에 저촉되는 바가 없으나 위스콘신 주에서 보낸 대의원은 컨벤션에 와서 오픈 프라이머리의 결과에 따라서 투표를 하라고 한 위스콘신 주법은 정당의 자주적 권리를 침해한다면서 그러한 투표를 할 대의원은 컨벤션에 참석할 수 없다고 통보했다.

이에 위스콘신 주 민주당은 위스콘신 주 법원에 소송을 제기했고, 위스콘신 주 대법원은 위스콘신 주법은 합헌이며 전국 민주당은 합법적으로 선출된 대의원의 참석을 거부할 수 없다고 판시했다. 이에 대해 전국 민주당은 연방대법원에 상고했다. 1981년 2월, 연방대법원은 6 대 3의 판결로 전국 민주당의 주장을 지지했다.[24)]

연방대법원을 대표한 스튜어트 대법관은 정당에 대한 연관을

---

24) Democratic Party v. Wisconsin ex rel. LaFollette, 450 U.S. 107 (1981).

선언하지 않고 시행하는 위스콘신의 오픈 프라이머리 결과에 기속되는 대의원이 전국 전당대회에 참가해야 한다고 주장할 수 있나 하는 문제가 쟁점이라고 했다. 스튜어트 대법관은 이 사건에서 쟁점은 "위스콘신 주가 오픈 프라이머리를 할 수 있는가, 또는 전국 민주당이 프라이머리를 당원에 국한시켜서 시행하도록 할 권한이 있는가 하는 문제가 아니며, 위스콘신 주가 오픈 프라이머리를 하도록 한 후에 전국 민주당으로 하여금 그러한 프라이머리의 결과를 받아드리라고 요구할 수 있는가 하는 문제"라고 했다. 그러면서 스튜어트 대법관은 "주는 오픈 프라이머리를 할 수 있는 권리가 있지만 전국 민주당은 컨벤션에 참석할 대의원을 어떻게 선발하는가를 결정할 권리가 있으며, 이 두 가지 이해관계는 화합할 수 있는 것"이라고 했다. 연방대법원은 "전국 민주당이 위스콘신 등 어느 주에 대해서 오픈 프라이머리를 하라고 강요하지 않지만, 오픈 프라이머리를 시행하는 위스콘신 주도 오픈 프라이머리의 결과를 전국 민주당에 강요할 수는 없다"면서 위스콘신 주 대법원의 판결을 파기해서 전국 민주당 측을 지지했다. 주법은 중앙당 당규보다 우선할 수 없다는 것이었다.

반대의견을 낸 파월 대법관은 위스콘신의 오픈 프라이머리 법률이 전국 민주당의 결사의 자유를 저해하지 않으며, 오히려 위스콘신 주민들의 자유로운 정치활동을 증진시키며, 전국 민주당은 위스콘신의 이러한 시스템이 자유로운 정당 활동을 저해한다고 입증하지 못했다고 주장했다.

결국 이 사건에서 연방대법원은 정당이 대의원을 선발할 수 있는 독자적 권한을 저해하는 주법은 위헌이라고 한 1975년의 Cousin v. Wigoda 판결[25]을 답습한 셈인데, 프라이머리 참가

자격을 확대하려는 주법은 헌법 수정 1조에 의해 보호되는 정당의 결사의 권리(freedom of association)를 저해하지 않음을 입증해야 할 부담이 있다고 한 것으로 평가된다.[26)]

2. 코네티컷 사건 : "폐쇄형 프라이머리를 강제하는 주법은 위헌"

연방대법원이 1986년에 내린 Tashjian v. Republican Party 판결[27)]은 프라이머리에서 투표하고자 하는 유권자는 그 정당의 당원이 되어야 한다는 주법, 즉 폐쇄형 프라이머리를 강제화한 주법의 헌법 합치성을 다룬 사건이다.

1956년에 코네티컷 주는 정당이 시행하는 프라이머리에 투표하기 위해서는 그 정당의 당원이어야 한다는 법률을 제정했다. 1976년에 당원이 아니면서도 코네티컷 주의 공화당이 실시하는 프라이머리에 참여하고자 했던 사람이 당원이 아니라는 이유로 투표를 할 수 없게 되자 프라이머리에선 당원만이 투표할 수 있도록 규정한 주법이 위헌이라면서 연방법원에 소송을 제기했다. 연방지방법원은 해당 주법이 합헌이라고 판시했고[28)], 연방대법원은 상고를 기각했다.[29)]

이 판결이 있은 후에 코네티컷 공화당은 프라이머리에 비당원이 참가할 수 없도록 했던 기존 정책을 다시 생각하기 시작했

25) 419 U. S. 477 (1975).

26) Note, Primary Elections and the Collective Right of Freedom of Association, 94 Yale L. J. 117, 128 (1984).

27) Tashjian v. Republican Party, 479 U.S. 208 (1986).

28) Nader v. Schaffer, 417 F. Supp. 837 (Conn.).

29) Nader v. Schaffer, 429 U.S. 980 (1976).

다. 정당에 소속되지 않은 무당파 유권자 인구가 증가하는 추세를 반영해서 코네티컷 공화당은 1983년 9월에 당대회를 소집해서 프라이머리를 오픈으로 치르도록 당규를 바꾸는 문제를 논의했고, 이듬해 1월에 주 컨벤션에서 상원의원, 하원의원, 주지사, 부지사, 주 정부 국무·법무·재무장관 후보를 뽑는 프라이머리에선 당원 요건을 없애기로 한 당규 개정안이 통과되었다.

당규가 이렇게 개정되자 프라이머리에의 참여를 정당원에 국한하고 있는 주법과의 충돌이 불가피해 졌다. 이에 코네티컷 주 공화당과 공화당 소속 출신 의원들 및 코네티컷 주 공화당 당의장은 해당 주법이 헌법 수정 1조와 14조에 의해 보호되는 정당의 자유로운 결사권을 침해한다는 선언적 판결과 사전구제를 구하는 소송을 제기했다. 연방지방법원은 원고인 코네티컷 공화당을 지지했고, 항소법원도 지방법원의 판결을 지지했다. 그러자 코네티컷 주 정부가 상고해서 연방대법원이 이 문제를 다루게 되었다.

코네티컷 공화당은 헌법에 의해 보장되는 결사의 자유를 주장한 데 비해 코네티컷 주 정부는 프라이머리를 당원에 국한시키는 것은 오픈 프라이머리를 하게 되면 주 정부의 행정적 부담이 커지기 때문이며, 또한 다른 정당을 지지하는 유권자가 프라이머리에 참가해서 그 정당의 정상적인 기능을 방해하는 '유권자의 공격'(voter raiding)을 방지하고 유권자들이 겪을 수 있는 혼란을 예방하고 양당 정치 제도를 보호하기 위함이라고 주장했다.

연방대법원은 5 대 4의 판결로 코네티컷 공화당에 손을 들어주었다. 다수 의견을 대표한 마셜 대법관은 프라이머리를 비당원에게 개방하고자 하는 코넷티컷 공화당의 의도는 헌법에 의하여 보장되는 결사의 자유의 핵심이며, 주 정부가 내 세운 행정적 부담이나 '유권자의 공격' 같은 주장은 근거가 박약하다고 했다. 마셜 대법관은 다음과 같은 이유를 들어 코네티컷 주 정부의 주장을 배척했다.

첫째, 프라이머리를 개방하게 되면 주 정부가 보다 많은 투표기기와 관리 인력을 확보해야 한다고 하지만 그러한 요소 때문에 정당의 결사의 자유가 제약될 수는 없다고 했다. 둘째, 오픈 프라이머리를 하게 되면 본 선거에서 그 정당을 찍지 않을 사람이 프라이머리에 와서 당선되기 어려운 후보에 투표하는 공격 행위를 막을 수 없다는 주장도 근거가 박약하다고 했다. 프라이머리 당일에 정당원으로 등록하고 투표를 하는 관행이 이미 있기 때문에 당원이 아닌 사람이 프라이머리에 참여하면 그 정당을 공격하는 결과가 생길 수 있다는 주장은 근거가 없다는 것이다. 셋째, 정당원만이 프라이머리에 참여할 수 있도록 해야 유권자가 혼란에 빠지지 않고 현명한 판단을 할 수 있다는 주장은 신뢰가 가지 않으며, 그렇다고 하더라도 그런 이유를 들어 정당의 자유를 제약할 수는 없다고 했다. 또한 마셜 대법관은 의회 의원을 선출하는 유권자의 자격은 주 의회 의원을 뽑는 유권자의 자격과 같아야 한다는 헌법 제1조 2항(동등자격 조항)은 본 선거에 관한 것이지 프라이머리에는 적용되지 않기 때문에 주 의회 의원 후보를 뽑는 프라이머리는 비당원에게 개방하지 않은 코네티컷 공화당의 당규가 헌법에 위반되지는 않는다고 했다.

스티븐스 대법관은 헌법 제1조 2항의 동등자격 조항이 프라이머리에 적용되지 않는다고 한 다수의견에 반대했는데, 이에는 스칼리아 대법관이 동조했다. 스칼리아 대법관은 독자적인 반대의견을 통해서 다수의견이 전개한 결사의 자유가 헌법 수정 1조에 대한 통상적인 해석의 범주를 넘어선다고 지적하면서, 주법이 프라이머리 투표자격을 정당원에 국한시켰다고 해서 그것이 결사의 자유를 침해했다고 보기는 어렵다고 했다. 특히 정당은 당원이 아닌 사람의 견해를 참작해서 후보자를 선정할 수 있지만 주에게 그렇게 하도록 강요할 수는 없다고 지적했다. 렌퀴스트 대법원장과 오코너 대법관은 스칼리아 대법관의 반대의견에 동조했다.

Tashjian 판결은 주 정부가 폐쇄형 프라이머리를 실시하도록 정당에게 강요해야 할 만한 주의 이익(state interest)이 없다고 판시한 데 중요한 의미가 있다. 또한 이 판결은 5 대 4로 이루어졌으며, 렌퀴스트 대법원장, 안토닌 스칼리아 대법관 등 보수성향의 대법관들이 반대했다는 점도 주목할 만하다. 이 판결이 나온 후 많은 주들이 주법을 바꾸어서 정당원이 아닌 유권자도 프라이머리에 참여할 수 있도록 하였다.[30] 오픈 프라이머리 시대가 활짝 열린 것이다.

---

30) Elisabeth R. Gerber and Rebecca B. Morton, supra note 21, p. 304.

V. 블랭킷 프라이머리

1. 워싱턴 주

오픈 프라이머리에서 한 걸음 더 개방된 제도가 '블랭킷 프라이머리'(blanket primary : '블랭킷'이란 '일괄적'이란 뜻으로, 정당에 관련없이 연기명 투표용지에 투표한다는 의미다.)인데, 이 제도는 원래 워싱턴 주에서 유래한 것이다. 캘리포니아가 이 제도를 뒤늦게 답습했는데, 캘리포니아의 블랭킷 프라이머리는 2000년 연방대법원에 의해 위헌판결을 받았다.

1890년에 새로운 주가 된 워싱턴은 1907년까지 선거에 정당 후보로 출마하려는 후보자는 정당의 전당대회, 즉 컨벤션에서 후보로 지명을 받아야만 했다. 당시 미국의 대부분 주가 이러한 절차를 거치도록 하고 있었다. 1907년 워싱턴 주의회는 워싱턴 주 전체를 상대로 한 선거에서 유권자의 10% 이상을 득표한 정당은 공직선거에 후보를 내는 경우에 프라이머리를 실시하도록 하는 법률을 제정했다. 이에 의하면 정당은 후보자 명단을 인쇄해서 비치해야 했으며, 유권자는 프라이머리 당일에 자기가 정당을 선택해서 투표할 수 있는데, 그러기에 앞서 자기가 참여할 정당을 공개하도록 요구되었다. 이런 제도는 형식적으로는 폐쇄형 프라이머리이지만 실질은 오픈 프라이머리였다. 워싱턴 주가 이런 제도를 도입하게 된 것도 당시 미국을 풍미했던 개혁주의 운동(progressive movement) 때문이었다.[31]

---

31) Deidra A. Foster, Partisanship Redefined : Why Blanket Primaries

1934년에 워싱턴 주 그랜지(The Washington State Grange)는 워싱턴 주의 전미 노조(AFL-CIO) 등과 함께 유권자들이 자신의 정치적 소속에 무관하게 그리고 자신의 정치적 신조(信條)나 정당에의 충성을 밝히지 않고 프라이머리에 참여할 수 있도록 법률을 개정하는 제안을 청원했다. 1935년 워싱턴 주 의회는 이들의 입법청원을 받아드려서 유권자는 당적에 관계없이, 그리고 자기가 선택하는 정당을 공표함이 없이 프라이머리에 참가할 수 있도록 하는 법률을 제정했다.[32] 이에 따라 유권자들은 대통령 후보를 제외하고는 아무런 제약이 없이 후보자를 선택할 수 있게 되었다. 상원의원 후보로는 민주당의 아무개를 선택하고 주지사 후보로는 공화당의 아무개를 선택할 수 있게 되어 크로스 보팅(cross voting) 또는 티킷 스플릿팅(ticket splitting)이 가능하게 됐다. 워싱턴 주의 이러한 프라이머리는 오픈 된 정도가 아니라 아무런 제약이 없기 때문에 블랭킷 프라이머리(blanket primary)라고 불리게 되었다.[33]

이런 프라이머리는 후보자를 선출하는 정당의 기능을 저해하기 때문에 민주 공화 양당은 이 제도에 대해 불만을 표시하고 소송을 제기했다. 하지만 1936년 워싱턴 주 대법원은 Anderson v. Milliken 사건에서 블랭킷 프라이머리가 합헌이라고 판시했다.[34] 그 후에도 워싱턴 주의 민주 공화 양당은 블

Are Constitutional, 29 Seattle U. L. Rev. 449, 460~461 (2005).

32) Ibid., pp. 461~462.

33) Washington State, Secratey of State, 'History of the Blanket Primary in Washington', http://www.sos.wa.gov/elections/bp_history.aspx.

34) Anderson v. Milliken, 59 P. 2d 295 (WA 1936). 이 소송에서 워싱턴 주가 승리하게 된 데는 당시 주 법무차관보였던 젊은 변호사 워렌 매그누순에 힘입은 바 컸는데, 그는 나중에 하원의원과 상원의원을 지냈다.

랭킷 프라이머리를 폐지하고 오픈 프라이머리를 채택하자고 주장해 왔다. 1964년과 1966년에 워싱턴 주 공화당과 민주당은 블랭킷 프라이머리를 오픈 프라이머리로 대체하자고 공식적으로 제안하기도 했다.

1978년에 블랭킷 프라이머리는 또다시 사법부의 심판대에 올랐는데, 주 대법원은 블랭킷 프라이머리는 유권자의 참여를 촉진하는 제도이며, 이로 인해 정당이 피해를 입었다는 증거가 없다는 이유로 블랭킷 프라이머리가 위헌이라는 주장을 배척했다.[35] 주 대법원은 이 판결에서 원고인 정당들이 이런 제도로 인한 크로스 보팅 등의 폐단을 입증했다면 승리할 수 있었다고 했으며, 정당의 결사의 자유는 절대적인 것은 아니고 인종차별적이거나 유권자의 참여를 저해하는 제도에 대항하는 경우에 한해 인정될 수 있는데, 정당들은 그런 입증을 하지 못했다고 했다.

2. 캘리포니아 주

1996년 전에 캘리포니아 주는 정당은 폐쇄형 프라이머리를 통해서 후보를 지명하도록 했다. 정당의 후보로 본선거에 나가고자 하는 사람은 그 정당의 프라이머리의 후보로 등록하고, 프라이머리에 투표하고자 하는 유권자는 유권자 등록을 하기에 앞서 자기가 투표하고자 하는 정당과 연관(affiliation)을 선언해야만 그 정당의 프라이머리에 투표할 수 있었다. 그러다가 1996년에 캘리포니아 주는 198호 주민발안(Proposition 198)을 통

35) Heavy v. Chapman, 611 P. 2d 1256 (1980).

해 블랭킷 프라이머리를 도입하였다. 새 법률은 "정당에 가입하지 않은 유권자를 포함한 모든 유권자는 후보자의 정당소속에 관계없이 어떠한 후보에게도 투표할 수 있다"고 규정했다. 새로운 제도에 의하면 프라이머리 투표용지에는 모든 정당의 후보가 기재되어 있고, 유권자는 아무런 제약 없이 어느 후보자에게 투표할 수 있었고, 가장 많이 득표를 한 예비후보자가 각 정당의 본선 후보가 되었다.[36] 새로운 제도는 정당의 강경론자들의 입지를 약화시키고 온건론자들에게 도움을 주고자 했던 것이다.

새 법률은 당원만이 프라이머리에 참여할 수 있다고 규정한 캘리포니아 주의 민주당과 공화당 및 자유당 등 군소정당의 당규와 충돌했다. 민주당과 공화당, 그리고 자유당 등 군소정당은 새 제도가 위헌이라고 주장하면서 선언적 및 금지적 구제를 구하는 소송을 연방지방법원에 제기했다. 연방지방법원은 새 제도로 인해 정당에 가입해 있지 않은 유권자의 의사가 정당 후보 결정에 반영될 수 있음을 인정하면서도 이 제도로 인해 원고인 각 정당이 입는 결사의 자유에 대한 제약은 심각한 것이 아니라서 선거의 민주적 성격을 증진하려는 주의 이익은 이러한 제약을 정당화한다는 이유로 새 제도가 합헌이라고 판단했다.[37] 제9 연방항소법원은 지방법원의 판결을 지지해서 원고측의 항소를 기각했다.[38]

36) Cal. Elec. Code Ann. §15451 (West 1996).

37) 984 F. Supp. 1288 (1997).

38) 169 F. 3d 646 (1999).

3. 대법원의 위헌판결

2000년 6월, 연방대법원은 California Democratic Party v. Jones 사건에서 블랭킷 프라이머리 제도가 정당의 결사의 자유를 심각하게 침해한다는 이유로 제9연방항소법원의 판결을 번복하고 이를 위헌으로 판시했다.[39] 스칼리아 대법관이 판결문을 썼고, 진보성향의 스티븐스 대법관과 긴스버그 대법관이 반대의견을 제출했다.

스칼리아 대법관은 주가 정당의 내부절차를 규율할 수 있지만 그런 경우에도 헌법이 정하는 한계를 벗어날 수는 없다고 했다. 또한 유권자는 정당에 가입할 수 있는 자유가 있기 때문에 폐쇄형 프라이머리를 한다고 해서 정당에 가입하지 않은 사람들이 참정권을 제한 받는다고 주장할 수는 없으며, 오히려 비당원의 선거참여로 당원들의 자기결정권이 침해된다고 지적했다. 그러면서 캘리포니아의 블랭킷 프라이머리는 정당 후보가 그 정당에 가입하지 않은 유권자에 의해 결정되거나 심지어 다른 정당에 가입한 유권자에 의해 결정되는 결과를 초래할 가능성이 있다고 했다. 또한 이러한 프라이머리에 의하면 크로스 보팅이 가능하기 때문에 캘리포니아 자유당 같은 군소정당은 더 큰 영향을 받을 수 있다고 했다.

스칼리아 대법관은 캘리포니아에서와 같은 제도가 있었다면 1860년 대통령 선거에서 공화당 후보로 링컨이 아닌 노예제를 유지하고자 하는 다른 정치인이 지명될 수도 있었을 것이라고 했다. 스칼리아 대법관은 정당에 주어진 제약이 심각하지 않다

---

39) California Democratic Party v. Jones, 530 U.S. 567 (2000).

고 주장하는 캘리포니아 주의 입장은 헌법이 보장하는 결사의 자유를 해석해 온 기존의 판례에 배치되며 그 자체가 헌법에 합치하지 않기 때문에 이를 정당화하기 위해선 엄격한 필요성이 입증되어야 하지만 캘리포니아 주는 그것을 입증하지 못했다고 지적했다. 또한 그는 많은 주에서 시행하고 있는 오픈 프라이머리는 블랭킷 프라이머리와는 다르다고 했다.[40)]

스티븐슨 대법관은 반대의견을 제출했는데, 이에는 긴스버그 대법관이 동조했다.[41)] 스티븐스 대법관은 주지사 등 주의 선거직 공무원을 어떻게 선출하는가는 주가 결정할 사안이기 때문에 그 부분에 한해서는 캘리포니아 주 법원이 판단할 일이라고 했고, 상원의원과 하원의원을 뽑는 프라이머리도 헌법에 의해서 주가 결정하게 되어 있다고 반박했다. 또한 주는 후보자 선정 등에 관한 정당의 권한에 의미있는 제약을 가할 수 있는데, 그것은 프라이머리도 본선거로 이어지는 일련의 주(州)의 행위(state action)이기 때문이라고 했다.

스티븐스 대법관은 다수의견을 쓴 스칼리아 대법관이 Tashjian 판결에서는 반대의견을 통해서 정당에 대한 주(州)의 제약이 정당화된다고 했음을 주지시켰다. 그는 블랭킷 프라이머리가 오픈 프라이머리와 결과적으로 별로 다를 것이 없으며, 프라이머리에 있어 정당이 어떤 결정을 하거나 주가 어떤 결정을 하는가에 대해 법원이 개입할 이유가 없다고 지적했다.

40) Ibid., p. 576, note 6.

41) Ibid., p. 593.

VI. 톱 투 프라이머리와 런 오프 프라이머리

1. 워싱턴 주의 톱 투 프라이머리

연방대법원이 캘리포니아 주의 블랭킷 프라이머리를 위헌으로 판결함에 따라 워싱턴 주의 블랭킷 프라이머리도 존폐 위기에 몰렸다. 워싱턴 주 민주당은 블랭킷 프라이머리가 위헌이라는 선언적 구제를 구하는 소송을 연방지방법원에 제기했다. 워싱턴 주 공화당은 원고측에 참가했고, 블랭킷 프라이머리를 추진한 장본인인 워싱턴 주 그랜지는 워싱턴 주 측에 참가했다. 연방지방법원은 워싱턴 주의 제도와 캘리포니아 주의 제도는 다르기 때문에 캘리포니아 주 프라이머리를 위헌으로 판시한 연방대법원의 판결은 적용되지 않는다는 이유로 원고의 소송을 기각했다.[42] 하지만 2003년에 제9연방항소법원은 워싱턴의 블랭킷 프라이머리를 위헌으로 판시하고 원심을 파기했다.[43]

워싱턴 주는 자신들의 블랭킷 프라이머리는 유권자 연관을 등록하지 않으며 워싱턴 주에는 정당등록제도 자체가 없어서 유권자가 정당 지명자에 투표하는 것이 아니기 때문에 정당이 주관하지 않는, 즉 비(非)정당적 프라이머리(non-partisan primary)라고 주장하면서 캘리포니아의 그것과 다르다고 주장했으나 제9연방항소법원은 그것을 받아들이지 않았다. 제9연방항소법원은 워싱턴의 시스템이 캘리포니아의 그것과 다를 것이 없으며, 워

42) Deidra A. Foster, supra note 31, pp. 462~465.

43) Democratic Party of Washington State v. Reed, 343 F. 3d 1198 (2002).

싱턴 주의 블랭킷 프라이머리가 정당의 헌법적 권리에 주는 부담이 크며 이를 제약할 어떠한 중요한 이유를 발견할 수 없다고 했다. 원고측은 연방대법원에 상고했지만 연방대법원은 상고를 받아들이지 않았고,[44] 이에 따라 워싱턴 주의 블랭킷 프라이머리는 무효화되었다.

블랭킷 프라이머리가 위헌으로 판결되었음에도 민중정치 전통이 강한 워싱턴 주민들은 정당에 구애됨이 없이 프라이머리에 참여할 수 있는 제도를 유지하기를 강력하게 희망했다. 이에 따라 주의회 의원들은 루이지애나 주에서 시행 중인 비(非)정당적 프라이머리를 도입하는 방안을 검토하게 되었다. 루이지애나 주의 프라이머리는 유권자들이 정당에 관련 없이 프라이머리에 참여해서 투표하고 그 중 최다득표를 얻은 두 명이 본선에서 출마하는 방식으로 흔히 '톱 투 프라이머리'(top two primary), 또는 '런 오프 프라이머리'(run off primary : '결선투표 방식 예비선거'라는 의미이다)라고 불리웠다. 하지만 이에 대해서는 반대하는 의견도 많았다. 이 제도에 의하면 같은 정당 출신 후보 두 명이 본선에 출마할 수도 있기 때문에 유권자가 정당후보를 택하는 권리가 침해당한다는 비판을 들었다.[45]

워싱턴 주지사 게리 록은 이 제도에 의하면 1980년과 1996년 주지사 선거에서 유권자는 두 명의 민주당 후보를 두고 선택을 하게 되었을 것이라고 이 제도에 반대하는 뜻을 분명히 했다. 주 정부는 이 제도에 의해서 투표를 하게 되면 1993년에서 2003년까지 행해진 주 공직 선거 627회 중 25회에서 같은 정당 후보 2명이 본선에 출마했을 것이라는 조사결과를 발표했다.

44) Certiorari denied, 540 U.S. 1213 (2004).

45) Deidra A. Foster, supra note 31, pp. 466~467.

이 제도에 의하면 군소정당은 본선에 나갈 가능성이 없어져서 아예 존립을 위협받을 것이고, 프라이머리가 과열되고 본선 투표에의 참여가 줄어 들 것이라는 우려도 제기되었다. 또한 프라이머리에 단지 다른 후보의 표를 빼앗아가기 위해 출마하는 경우가 증가하는 부작용이 있을 것이라는 우려도 나왔다.46)

민주 공화 양당의 정치인들도 루이지애나 방식을 좋아 하지 않았으나 2004년 3월 10일에 워싱턴 주 상·하원은 타협 끝에 톱 투 프라이머리를 시행하되 주지사가 오픈 프라이머리를 재량으로 실시할 수 있도록 하는 법률안을 통과시켰다. 4월 1일 게리 록 지사는 이 법률안에 대해 거부권을 행사했다. 결국 주의회는 정당에 따라 프라이머리를 하는 오픈 프라이머리를 택할 수밖에 없었다. 하지만 유권자들은 이에 대해 강력히 항의하는 등 논란은 수그러들지 않았다. 워싱턴 주 그랜지는 주민발안을 통해서 톱 투 프라이머리를 도입하고자 했다. 이들이 제안한 주민발안 872호(Initiative 872)는 2004년 11월 2일에 시행된 주민투표에서 59.84%의 지지를 받아 통과되었다.47)

2. 대법원의 합헌 판결

워싱턴 주 공화당은 주민발안 872호가 헌법에 위반된다고 주장하면서 연방지방법원에 제소했다. 워싱턴 민주당과 워싱턴 자유당도 원고측에 참가했다. 워싱턴 주 그랜지는 워싱턴 주 측에 참가했다. 2005년 7월, 시애틀에 소재한 연방지방법원은 톱 투

46) Ibid., pp. 468~469.

47) Ibid., pp. 469~470.

프라이머리가 위헌이라고 판시했다.[48] 연방지방법원은 톱 투 프라이머리가 정당의 결사의 자유를 침해한다고 판단했다.[49] 워싱턴 주는 연방지방법원의 판결에 불복하고 항소했으나, 2006년 8월 22일, 제9항소법원은 워싱턴 주의 항소를 기각했다.[50]

제9연방항소법원은 캘리포니아의 블랭킷 프라이머리를 위헌으로 판시한 대법원의 Jones 판결이 이 사건에 적용된다고 보았다. 그러면서 워싱턴 주의 주민제안이 도입한 프라이머리는 Jones 판결이 말하는 비정당적 블랭킷 프라이머리라고 했다. 하지만 제9연방항소법원은 워싱턴 주의 제도가 후보자로 하여금 당 소속 내지는 당 선호를 밝히도록 한 조항('party preference identification provision')이 Jones 판결에서 대법원이 말한 비정당적 프라이머리의 요건을 위반한다고 지적했다. 워싱턴 주의 프라이머리에 출마하는 후보자가 자신의 정당을 표기하게 되면 그로 인해 이는 당파적 프라이머리가 되며, 따라서 위헌 판결을 받은 캘리포니아의 블랭킷 프라이머리와 마찬가지로 위헌이라는 것이다. 또한 같은 이유에서 워싱턴 주의 프라이머리는 정당이 자신들이 관계를 갖지 않고자 하는, 결사를 하지 않을 권리(right not to associate)를 침해하기 때문에 위헌이라고 했다. 워싱턴 주의 프라이머리에 의하면 정당이 자신들의 후보로 뽑고 싶지 않은 후보가 후보로 선출될 수 있기 때문에 이로

48) Washington State Republican Party v. Logan, 377 F. Supp. 2d 907 (W.D. Wash. 2005).

49) Guy Danilowitz, The Party or the People : Whose Ballot Choice Does the Constitution Protect?, 41 U. Cal. Davis 713, 726~730 (2007).

50) Washington State Republican Party v. Washington, 460 F.3d 1108 (9th Cir., 2006).

인해 정당의 결사를 하지 않을 자유를 침해당한다는 것이다.

제9연방항소법원의 판결에 대해선 비판의 목소리가 높았다.[51] 비판의 요지는 대략 다음과 같았다. 우선 이 판결이 근거하고 있는 캘리포니아 주의 블랭킷 프라이머리를 위헌으로 판시한 Jones 판결도 그 논리가 취약한데, 대법원은 이에 근거해서 판결했다는 것이다. 또한 비록 Jones 판결을 그대로 인정한다고 하더라도 워싱턴의 톱 투 프라이머리는 정당의 지명절차와 무관하게 이루어지기 때문에 비정당적 프라이머리라고 보아야 한다는 지적이다. 톱 투 프라이머리에 반대하는 정당들은 이 제도로 인해 정당이 어느 후보를 지지할 수 있는 권리를 박탈한다고 주장하지만, 그것도 타당하지 않다는 것이다. 왜냐하면 정당은 이 제도를 입법과정을 거쳐 변화시킬 수 있으며, 프라이머리에 나오는 후보자가 소속 정당을 표기한다고 해서 정당의 결사의 자유가 침해된다는 주장은 타당하지 않기 때문이다. 또한 연방법원은 주로 하여금 선거절차를 민주적으로 운영할 수 있도록 하고 있는 헌법 정신을 존중해서 워싱턴 주민의 결단을 존중해야 한다는 것이다.

워싱턴 주는 연방대법원에 상고했고, 연방대법원은 이 사건을 심리하기로 했다. 위헌임을 주장하는 공화당 등 정당을 대표하는 변호사들은 톱 투 프라이머리에서는 루이지애나 주의 프라이머리에서 보듯이 데이비드 듀크 같은 백인우월주의자가 공화당적을 갖고 출마를 하게 되는데 백인우월주의는 공화당의 정책이 아닌데도 이런 후보가 정당소속임을 표방해서 정당의 자유를 심각하게 저해한다고 주장했다. 반면에 워싱턴 주 정부는 정당이

51) Guy Danilowitz, supra note 49, pp. 730~739.

자기가 선호하는 후보를 홍보할 수 있기 때문에 정당의 이러한 주장은 근거가 박약한 과장이라고 반박했다. 2008년 3월 18일, 연방대법원은 제9항소법원의 판결을 파기하고 주민발안 872호가 헌법에 합치한다고 판결했다.[52] 클라렌스 토머스 대법관이 대법원 판결을 썼고 스칼리아 대법관이 반대의견을 냈다. 케네디 대법관이 스칼리아 대법관의 반대의견에 동조해서 판결은 7대 2였다. 존 로버츠 대법원장은 별개의 찬동의견을 냈고, 이에는 얼리토 대법관이 동조했다.

토머스 대법관이 전달한 연방대법원 판결의 논리는 다음과 같다.[53] 토머스 대법관은 우선 제9연방항소법원이 워싱턴 주의 톱 투 프라이머리가 캘리포니아의 블랭킷 프라이머리와 같은 것으로 본 것이 잘못이라고 했다. 제9연방항소법원은 톱 투 프라이머리에 참가하는 후보자들이 자신의 정당을 밝히면 마치 그들이 정당과 관련이 있거나 심지어 그 정당의 지지를 획득하고 있는 것 같은 인상을 주기 때문에 정당의 자주적 결사권을 침해할 수 있다고 주장하지만, 이 제도는 시행도 하지 않았기 때문에 그렇게 법령의 문면(文面)만 보고 그것이 위헌이라고 주장하는 것은 설득력이 없다면서, 주는 헌법에 의해 상원의원과 하원의원을 선출하는 선거를 주관할 수 있는 권한과 책임을 부여받고 있음을 지적했다. 쟁점은 워싱턴 주의 이러한 프라이머리가 소송을 제기한 공화당 등 정당들의 결사의 자유를 심각하게 저해하는가 하는 것이며, 정당들이 워싱턴 주의 프라이머리가 Jones 판결이 위헌으로 판시한 캘리포니아 주와 동일하다고 보고 있지

52) Washington State Grange v. Washington State Republican Party, et al., 552 U.S. 2008 (2008).

53) Ibid., pp. 2010~2025.

만 워싱턴 주의 프라이머리는 정당이 지명하는 후보를 선출하는 것이 아니라고 강조했다.

토머스 대법관은 또한 이성적인 유권자라면 워싱턴 주의 프라이머리에 나온 후보자들이 자기가 속한 정당을 표기한다고 해서 그런 후보자가 그 정당의 공식적인 지지를 얻은 후보자가 아님을 알 것이라고 지적했다. 물론 어떤 유권자는 그 점을 오해할 수도 있지만 그것은 검증이 되지 않은 가설이기 때문에 그 같은 문면상의 공격을 이유로 주의 법률을 위헌으로 판시할 수는 없다고 했다. 또한 워싱턴 주 정부는 유권자들에게 프라이머리에 나온 후보자가 정당 소속을 표기한다고 해서 그것이 그 정당의 공식지지를 받는 것이 아님을 유권자에게 공지하겠다고 밝혔기 때문에 정당들이 말하는 그러한 주장은 타당하지 않다고 했다. 결론적으로 토머스 대법관은 이 사건에서 주민들이 정당한 절차를 통해서 제정한 법률을, 그것도 시행해 보지도 않은 법률을 대법원이 단순히 어떤 우려가 있다는 막연한 이유로 헌법 수정 1조를 들어서 무효화할 수는 없다고 했다.

스칼리아 대법관은 워싱턴 주의 프라이머리는 정당이 자신의 정강정책을 시행에 옮길 후보자를 선출되도록 할 수 있는 권리를 저해하기 때문에 이 제도는 심각한 문제를 안고 있다는 내용의 반대의견을 냈다. 그는 또한 이 사건에서 워싱턴 주가 추구하는 정당한 이익은 결국 정당 정치를 기피하고자 하는 것이라면서, 후보 선출은 미국의 정치 시스템의 근간이기 때문에 정당의 결사를 훼손하는 주의 행위는 그것의 정당성 여부가 심각한 심사를 받아야 한다고 주장했다. 스칼리아 대법관은 워싱턴 주의 프라이머리는 정당의 기능을 심각하게 저해하기 때문에 위헌으로 판시되어야 한다고 했다.[54]

로버츠 대법원장은 워싱턴 주의 프라이머리는 정당으로 하여금 자기가 원치 않는 후보를 받아드려야 하는 결과가 초래될 수 있다는 스칼리아 대법관의 주장에 동조하면서도, 유권자가 진정으로 후보자와 그 후보자가 내세우는 어느 정당과의 연관에 대해 알고 있는가 하는 문제는 헌법심사의 대상이라고 보기 어렵다는 이유로 대법원의 의견에 찬동했다.[55]

연방대법원 판결에 따라 워싱턴 주는 2008년 8월 19일에 톱 투 프라이머리 시스템에 의해서 선거를 실시했는데, 주 상원의원 두 개 선거구와 주 하원의원 다섯 개 선거구에서 두 명의 민주당 후보와 두 명의 공화당 후보가 본선에서 다투는 일이 벌어졌다. 워싱턴 주가 2004년에 폐쇄형 프라이머리로 한 선거와 2008년에 톱 투 프라이머리로 시행한 선거를 연구한 곤자가 대학 연구팀은 톱 투 프라이머리를 실시하면 같은 정당의 경쟁자에 대한 도전이 적게 일어나며, 강한 현직 후보자가 자기 당내에서 도전을 받을 가능성이 줄어든다고 분석했다.[56]

3. 루이지애나 주의 런 오프 프라이머리

2005년 허리케인 카트리나로 큰 피해를 입어서 우리에게 알려진 루이지애나 주는 '런 오프 프라이머리'(run off primary), '비정당 블랭킷 프라이머리'(non-partisan blanket primary) 또는 '정글 프라이머리'(jungle primary)라고 불리는 독특한 제

54) Ibid., pp. 2030~2040.

55) Ibid., pp. 2026~2029.

56) http://en.wikipedia.org/wiki/Washington_Initiative_872(2004)#Top_two _primary_implementation.

도를 운영해 왔다.[57] 이 제도에 의하면 후보자는 민주당, 공화당, 또는 무소속이라고 밝히면서 예비선거에 출마하고, 유권자는 자신의 당적에 관계없이 어느 후보에게나 투표할 수 있다. 프라이머리에서 투표자의 과반수를 얻은 후보가 있으면 그 후보가 본선을 치루지 않고 당선자로 확정되며, 프라이머리에서 과반수를 얻은 후보자가 없으면 최다 득표를 한 후보 두 명을 상대로 결선투표(run off)를 하는 데 이 결선투표가 본선거가 된다. 다만 대통령 선거에는 폐쇄형 프라이머리를 실시하도록 했는데, 대통령 선거는 전국적 선거라서 각 정당의 당규를 따라야 하기 때문이다.

원래는 폐쇄형 프라이머리를 운영해 왔던 루이지애나 주가 1975년에 이런 독특한 제도를 도입하게 된 것은 당시 주지사이던 에드윈 에드워드 때문이었다. 1972년 주지사 선거 때 민주당원인 에드워드는 프라이머리를 거쳐 힘들게 본선거에 출마했는데, 공화당 후보 데이비드 트린은 당내 경쟁자가 없었기에 그대로 본 선거에 출마했다. 트린은 주지사 선거에선 에드워드에게 패배했지만 하원의원 보궐선거에 출마해서 당선되어 민주당을 놀라게 했다. 남북전쟁 이후 남부에는 공화당 지지자가 거의 없었기 때문에 민주당 후보로 지명만 되면 주지사나 상·하원 의원으로 당선이 유력하지만 민주당 후보로 지명되기가 어려웠다. 반면 공화당은 후보로 지명되는 데에는 거의 경쟁이 없었기 때문에 공화당 후보는 본선을 직접 준비할 수 있었다. 1975년부터는 공화당이 루이지애나 주의 주요 선거공직에 후보를 내는 등 민주당 일당지배에 염증을 느낀 유권자들이 공화당을 지지하

57) 'Nonpartisan Blanket Primary'
http://en.wikipedia.org/wiki/Nonpartisan_blanket_primary.

는 성향을 보이게 되었다.[58]

에드워드는 루이지애나에서 공화당 세력이 커지는 것을 막기 위해선 예비선거 제도를 바꾸어야 한다고 생각했다. 루이지애나 주 민주당이 이런 제도를 제안한 명분은 유권자 등록을 증가시키고 정당의 선거비용을 줄이고 프라이머리에서의 정당의 책임성을 높이고 주내의 양당 정치를 증진한다는 것이었다. 하지만 민주당이 실제로 기대했던 바는 새 제도로 선거비용지출을 줄여서 공화당 후보에 보다 잘 대처할 수 있을 것이라는 정략적 고려였다.[59]

에드워드가 구상한 런 오프 프라이머리는 1978년 선거부터 효력을 발휘했다. 하지만 이 제도가 공화당을 배제할 것이라고 생각했던 그의 기대는 실현되지 못했다. 1979년에 공화당의 데이비드 트린이 결선투표를 거쳐 주지사에 당선됐다. 에드워드는 1983년 선거에서 트린을 이겨서 다시 주지사로 컴백하는데 성공했다. 1995년에는 민주당에서 공화당으로 당적을 바꾼 마이크 포스터가 결선투표를 거쳐 주지사에 당선됐으며, 1999년에는 현직 지사인 포스터가 프라이머리에서 과반수 득표를 해서 본선을 거치지 않고 연임에 성공했다.

런 오프 프라이머리의 문제점이 크게 부각된 것은 1991년 주지사 선거였다. 당적을 민주당에서 공화당으로 바꾼 버디 로머

58) John R. Labbe, Louisiana's Blanket Primary After California Democratic Party v. Jones, 96 Nw. U. L. Rev. 721, 743~744 (2002).

59) Stella Z. Theodoulou, The Impact of the Open Election System and Runoff Primary : A Case Study of Louisiana Electoral Politics, 1975-1984, 17 Urb. Law. 457, 459 (1985).

주지사가 3위를 하고, 민주당의 부패한 정치인 에드워드가 1위, 공화당원이며 KKK 단원이란 소문이 있는 백인우월주의자 데이비드 듀크가 2위를 한 것이다. 결선선거에서는 결국 부패한 에드워드가 당선됐는데, 당시 루이지애나 유권자들은 부패한 정치인을 뽑든가 인종주의자를 뽑던가 하는 궁지에 몰렸던 것이다.[60] 월스트리트 저널이 "부패한 놈에게 투표하는 게 중요해"('Vote for the Crook. It's Important.')라는 유머를 통해 풍자한 이 선거에서 에드워드는 본선에서 승리했는데, 공화당 후보로 프라이머리에서 2위를 한 듀크는 공화당의 공식적 지지를 얻은 후보가 아님에도 공화당적을 갖고 본선에 나가서 큰 표차로 에드워드에게 졌다.

루이지애나의 이런 독특한 프라이머리는 현직 후보에 유리하게 기능하는 부작용을 일으켰다. 1998년 하원의원 7명을 뽑는 선거에서 5개 지역에는 도무지 경쟁자가 없어 무투표로 현직의원들이 승리했고 나머지 한 선거구에선 현직의원이 같은 당의 경량급 후보 두 명을 프라이머리에서 가볍게 이겼다. 그런 탓에 루이지애나 유권자의 투표 참여율은 전국 최저를 기록했다.[61]

루이지애나 주 선거법은 상·하원 의원을 선출하는 프라이머리를 10월에 하고 본 선거는 11월 초에 하도록 하였는데, 프라이머리에서 과반수 득표를 해서 당선이 확정되는 경우는 11월 초에 선거를 할 필요가 없었다. 이러한 제도가 연방선거를 전국에 걸쳐서 같은 날 하게 되어 있는 연방법에 위반한다는 소송에 제기되었다. 1997년에 대법원은 전원일치의 판결로 루이지애나의

60) 'Louisiana's Nonpartisan Primary : Model or Travesty of Reform?, http://archiv.fairvote.org/ivv/louisiana.htm.

61) Ibid.

이 제도가 선거일을 전국 동시에 하게 한 연방법에 위반되며, 이러한 연방법은 헌법 제1조에 합치된다고 판결했다.[62] 이 판결이 나온 후에 루이지애나 주 의회는 프라이머리를 11월 초에 하고 본 선거는 12월에 하도록 법률을 개정하였다. 11월 초에 선거가 있더라도 루이지애나의 상·하원 의원 당선자가 한 달 늦게 확정되는 것은 이 때문이다.

루이지애나 주의회는 2008년부터 상·하원 의원을 뽑는 예비선거를 폐쇄형 프라이머리로 치르도록 하는 법안을 통과시켰고, 2006년 6월 캐슬린 블랑코 주지사는 이 법안에 서명했다. 그럼에도 주지사와 주의원, 시장 등을 뽑는 선거는 여전히 런 오프 프라이머리를 거치게 되어 있다.[63] 2010년에 루이지애나 주의회는 상·하원 의원 선거를 전과 같이 런 오프 프라이머리로 하는 법안을 통과시켰고, 보비 진달 주지사는 이 법안에 서명했다.[64] 루이지애나의 런 오프 프라이머리가 캘리포니아의 블랭킷 프라이머리를 위헌으로 판시한 Jones 판결이 제시한 기준을 통과할 수 없다는 견해도 있다.[65] 톱 투 프라이머리를 합헌으로 판시한 2008년의 워싱턴 주 사건에 미루어 보건대 위헌으로 보기는 어려우나 루이지애나 주의 시스템은 워싱턴 주의 그것도 또 다르다는 점에서 합헌성 여부는 미지수라고 하겠다.

---

62) Foster v. Love, 522 U.S. 67 (1997)

63) Supra note 57.

64) Ibid.

65) John R. Labbe, supra note 58, pp. 746~753.

4. 캘리포니아 주의 톱 투 프라이머리

2010년 6월 8일, 캘리포니아는 주민투표를 통해 기존의 정당별 프라이머리를 없애고 톱 투 프라이머리를 도입하는 주민발안 14호(Proposition 14)를 찬성 287만 표, 반대 247만 표로 채택했다. 이로서 캘리포니아 주는 2012년부터 상·하원 의원과 주지사 등 주의 선거공직을 뽑는 프라이머리를 톱 투 방식으로 하게 된다.66)

캘리포니아는 2004년에도 이러한 제안이 나와서 주민투표에 회부한 적이 있었는데, 그 때에는 부결됐다. 2008년에는 오리건 주가 역시 톱 투 프라이머리를 도입하는 제안을 주민투표에 회부했으나 통과되지 못했다. 캘리포니아 주가 톱 투 프라이머리를 도입함에 따라 다른 주가 이를 따를 것인지가 관심의 대상이 되고 있다.

캘리포니아는 톱 투 프라이머리를 도입할 것인가를 두고 열띤 찬반 토론을 벌였다. 이를 지지하는 측은 톱 투 프라이머리가 보다 온건하고 중도적인 후보를 당선시키게 될 것이며, 이로 인해 무의미한 결선투표를 없앨 수 있다고 주장했다. 반대하는 측은 유사한 제도를 이미 시행하고 있는 다른 주의 경험에서 보듯이 이 제도가 온건한 후보자를 당선시킨다는 평가는 나오지 않으며, 이 제도로 인해 유권자들의 선택의 폭이 좁아 져서 캘리포니아의 작은 정당들은 존폐의 위기에 설 것이라고 반박했다. 민주당과 공화당은 이에 반대했으나 아널드 슈워제네거 캘리포

66) 'California Proposition 14, Top Two Primaries Act (June 2010)', http://ballotpedia.org/wiki/index.php/California_Propostion_14,_Top_Two_Primaries_Act (June 2010).

니아 주지사는 톱 투 프라이머리가 이념으로 갈라진 정치를 줄일 수 있고 이에 따라 주 의회가 예산을 적절하게 다룰 수 있게 될 것이라면서 주 의회 의원들을 설득했다.[67] 캘리포니아 상공회의소 등 비즈니스 그룹이 이에 찬성했고, 샌프랜시스코 크로니클, 로스앤젤레스 타임스, 새크라멘트 비 등 캘리포니아의 주요 신문도 지지했다. 반면 교원노조와 녹색당 등 환경단체 등은 이에 반대했다.

2010년 7월 29일, 캘리포니아의 사회주의당, 개혁당 등 소수정당 후보자 등 여섯명의 유권자는 샌프랜시스코에 소재한 주법원에 톱 투 프라이머리를 도입한 주법 조항이 미국 헌법과 캘리포니아 주 헌법에 위반된다는 소송을 제기했다. 이외에도 공화당과 민주당도 별도로 소송을 제기할 준비를 하고 있는 것으로 알려졌다.[68] 2010년 9월 15일, 샌프란시스코 소재 주법원의 샬럿 울라드 판사는 이 제도가 주 헌법과 미국 헌법을 위반한다는 주장이 설득력이 없다면서 소송을 기각했다. 원고측은 항소할 뜻을 밝혔다.[69]

---

67) 'California's new primary system expected to change political landscape', http://www.scpr.org/news/2010/06/10.

68) 'California's new primary system faces court challenge' by Barber Kim, The Hill, 07/29/10. http://thehill.com/blogs/ballot-box/other-races/111811-californias-new-primary-system-faces-court-challenges.

69) 'Prop. 14 open primary survives first challenge', by Bob Egelko, San Francisco Chronicle, September 15, 2010, http://articles.sfgate.com/2010-09-15/bay-area/24003679_1_runoff-ballot-party-conte-2010-09-19

VII. 결론

1. 미국 대법원 판례에 대한 평가

우리나라의 정치권은 '오픈 프라이머리'가 마치 '전가(傳家)의 보도(寶刀)'나 되는 듯이 떠받치고 있지만 정작 이 제도가 갖고 있는 헌법적 문제점, 즉 정당의 자율적 결사권과의 충돌에 대해선 거의 관심을 두지 않은 것으로 보인다. 미국 대법원의 판결은 이 문제에 대한 중요한 가이드라인을 제공하기 때문에 본론에서 다룬 중요한 판결을 정리하고자 한다.

첫째, 1986년 Tashjian 판결은 정당이 오픈 프라이머리를 하려고 하는데 주가 폐쇄형 프라이머리를 하라고 강요할 수는 없다고 했다. 이 판결에서 대법원은 주가 폐쇄형 프라이머리를 하라고 정당에 요구할 만한 정당한 이익이 없다고 했다. 이 경우와는 반대로 정당이 폐쇄형 프라이머리를 하려고 하는데 주가 주법으로 오픈 프라이머리를 하라고 강제할 수 있나 하는 문제가 있는데, 이에 대한 대법원의 견해는 분명하지 않다. 이 판결의 논지에 의하면 이 경우에 주 정부는 오픈 프라이머리를 해야 할 정당한 이익을 입증해야 하는데, 대법원은 Tashjian 판결에서 정당원만이 참여하는 프라이머리가 우수하다는 증거가 없다고 했기 때문에 폐쇄형 프라이머리를 고수하고자 하는 정당이 오픈 프라이머리를 하라고 강제하는 주를 상대로 소송을 제기하는 경우에는 패소할 가능성이 크다고 생각된다.

둘째, 2000년 California Democratic Party v. Jones 판결

에서 대법원은 블랭킷 프라이머리를 위헌으로 판시했다. 따라서 프라이머리에 참가하면서 하원의원은 공화당 후보에, 주지사는 민주당 후보에 투표하는 스플릿 투표는 이제 불가능하게 됐다. 스칼리아 대법관이 대표한 대법원의 다수의견은 블랭킷 프라이머리는 크로스 보팅의 위험이 있어서 정당의 결사권을 저해한다고 하면서도 오픈 프라이머리와 블랭킷 프라이머리는 다르다고 했다. 하지만 이 판결의 반대의견이 지적했듯이 오픈 프라이머리에서도 크로스 보팅은 가능하다. 차이가 있다면 블랭킷 프라이머리 체제에서는 주지사, 상·하원 의원 등 많은 후보자에 대해 섞어서 투표를 할 수 있다는 것이다. 이 점에서 Jones 판결은 취약하다고 할 수 있다.

셋째, 대법원은 2008년 Washington State Grange v. Washington State Republican Party 사건에서 톱 투 프라이머리는 합헌이라고 판결했다. 톱 투 프라이머리는 주 정부가 하는 비(非)정당적 예비선거라서 정당의 자치를 저해하지 않는다는 이유에서였다.

이 같은 일련의 판결로 비추어 보면 톱 투 프라이머리가 새로운 프라이머리로 자리 잡을 가능성을 보여주지 않나 한다. 톱 투 프라이머리에서 유권자들은 자신의 당적이나 후보자의 소속 정당에 구애됨이 없이 후보자를 선택할 수 있다는 점에서 유권자에게 보다 많은 선택권을 보장하는 측면이 있다. 반면 정당은 후보자를 직접 선택하지 못하게 되어 정치적 영향력이 줄어들게 된다. 물론 톱 투 프라이머리를 한다고 해도 민주 공화 양당의 지도부는 상원의원이나 주지사의 경우에는 자신들이 공식적으로 지지(endorse)하는 후보를 천명할 수 있지만 시장, 주 의회 의원 같은 경우에는 그렇지 못하게 될 가능성이 많다. 이런 현상은 주민들의 생활과 밀접한 공직선거에서 탈(脫)정당화가 이루어짐을 의미한다.

대법원이 톱 투 프라이머리를 합헌으로 판결한 후에 캘리포니아가 이 제도를 택해서 2012년 선거부터 시행하기로 했다는 점은 의미가 크다. 캘리포니아에 이어서 오리건 같은 서부 지역 주가 톱 투 프라이머리를 채택하게 되면 폐쇄형 프라이머리에서 오픈 프라이머리를 거쳐서 톱 투 프라이머리로 프라이머리 제도가 진화를 하게 되는 셈이다.

2. 우리나라에 주는 정책적 함의

— 톱 투 프라이머리를 권한다 —

우리나라에서 통상적으로 이야기 되는 이른바 '국민경선'은 미국의 오픈 프라이머리 보다는 연방대법원에서 위헌판결을 받은 블랭킷 프라이머리에 가깝다. 블랭킷 프라이머리와 같은 극단적 오픈 프라이머리에 있어 문제로 지적되는 것은 그것이 당원의 권리를 저해하고 정당이 갖고 있는 결사의 권리를 침해한다는 점이다. 비록 미국 대법원은 오픈 프라이머리를 위헌이라고 판시하지는 않았지만 Jones 판결의 논리는 오픈 프라이머리도 위헌이라고 해석할 수 있는 소지를 남겨 두고 있다. 이러한 제도에서 우려할 부분은 유권자의 역선택(逆選擇), 즉 크로스 보팅이다. 즉 유권자가 자기가 본선거에 찍지 않을 정당의 오픈 프라이머리에 참가해서 가장 약한 후보에 투표해서 선거과정을 왜곡할 우려가 있는 것이다. 유권자 숫자가 적은 지방선거에서 특히 그런 상황이 현실로 나타날 수 있다.

원칙적으로 말한다면 당원들만 참가하는 폐쇄형 프라이머리가 정당의 결사권에 문제를 야기하지 않기 때문에 무리가 없다. 그러나 우리나라의 경우에는 당원이 많지 않고 많은 사람들이 당원이 되는데 저항감을 느껴서 폐쇄형 프라이머리는 현실적으로 큰 의미가 없다는 문제가 있다. 또한 어떤 형태의 프라이머리이든 이를 실시하는 데는 많은 비용이 들 뿐더러 정당이 과연 공정한 프라이머리를 할 수 있는 행정적 관리역량이 있는지도 의문이다.

공직선거법을 고치지 않고 오픈 프라이머리를 실시할 수 있나 하는 문제도 있다. 공직선거법을 개정해서 모든 정당으로 하여금 오픈 프라이머리를 실시하라고 강요한다면 그런 법은 위헌 판결을 받게 될 가능성도 없지 않다. 선거법이 정당은 오픈 프라이머리를 실시할 수 있다고 규정하고, 정당이 이를 실시하는 경우에 그 정당의 당원이 당의 방침에 불복하고 헌법소송을 제기한다면 아마도 그 경우는 정당의 자율권의 한계 내에 속한다는 이유로 합헌 판결을 받을 가능성이 크다고 생각된다. 그러나 이태리의 좌파연합이 했던 인기투표 같은 오픈 프라이머리는 '슈퍼 블랭킷 프라이머리'라고 부를 만한 것으로 위헌 판결을 면하기 어려울 것으로 생각된다.

하지만 톱 투 프라이머리라면 전혀 다른 문제가 되고 만다. 우선 톱 투 프라이머리는 정당이 주관하는 것이 아니라 정부가 주관해서 정당의 후보가 되려는 예비후보는 물론이고 무소속으로 출마하려는 예비후보가 모두 참여하는 예비선거라는 점이 특징이다. 그런 점에서 입법이 필요하고 정부가 관리해야 할 책임이 있다. 이처럼 톱 투 프라이머리는 정부가 관리를 한다는 점에서 공정성이 담보된다는 결정적인 장점이 있어 우리가 도입하기에 용이하다. 톱 투 프라이머리가 헌법에 보장된 정당의 권리를 침해한다는 주장도 나올 수 있지만 미국 대법원의 판결은 이에 대한 충분한 방어논리가 된다.

톱 투 프라이머리를 하게 되면 정당의 공천권은 사라지고 만다. 한국 의회정치에 있어 큰 문제는 정당의 공천권이다. 당권을 장악한 이른바 실세들이 공천권을 장악해서 당을 통제하고, 그런 탓에 현역 의원도 항상 다음번 공천을 의식하고 실세에 줄을 서는 행태를 보여 왔다. 톱 투 프라이머리 체제 하에서는 누구든 당원임을 내걸고 프라이머리에 나가서 최다 득표 2위 내에 들면 본선거에 출마할 수 있게 된다. 정치신인에 비해 상대적으로 높은 지명도를 갖고 있는 현역 의원은 당의 실세에 아부를 하기 보다는 여론과 유권자의 민심을 살피게 될 것이다.

톱 투 프라이머리는 정치공학적인 합종연횡 같은 파당정치를 예방할 수 있는 장점이 있다. 여론조사를 해서 단일 후보를 내거나 지역구를 갈라서 후보자를 조정하는 막후 정치를 또한 예방할 수 있게 된다. 톱 투 프라이머리는 본선거에 후보자가 여러 명이 나와서 유효투표의 30% 정도 얻고 당선되는 경우를 근본적으로 예방할 수 있게 되어 선거가 민심을 보다 정확히 반영하게 될 것이다.70) 톱 투 프라이머리 체제하에서는 당적을 버리고 싶지 않으나 공천을 받지 못해서 부득이 탈당해서 출마하고 본선거에서 당선된 후에 다시 복당하는 비정상적 행태도 발생하지 않을 것이다.71)

---

70) 톱 투 프라이머리 체제에서라면 2010년 6월 지방선거에서 서울시장과 경기도지사에는 프라이머리에서 2등을 한 야권 후보가 본선거에서 승리했을 것이다.

71) 2008년 4월 총선에서 한나라당 공천에서 탈락한 박근혜 계열 정치인들이 무

톱 투 프라이머리의 단점으로는 정당의 정체성이 불분명해 질 수 있다는 점을 들 수 있다. 하지만 미국 대법원의 판결이 지적한 바와 같이 정당은 자신들의 정책과 그 정책에 부응하는 후보를 홍보할 수 있기 때문에 그 같은 우려는 기우라고 할 것이다. 또 다른 결점으로는 경우에 따라서 본선거에서 같은 정당의 후보가 두 명이 나올 수 있다는 점이다. 우리의 경우는 경북-대구 지역과 전남북-광주 지역에서 그런 경우가 발생할 것이다. 하지만 이런 현상은 불가피한 것이고, 오히려 유권자가 정당의 공천에 구애되지 않고 자신들이 좋아하는 후보자를 선택할 수 있는 장점이 있다. 톱 투 프라이머리야말로 특정지역에서 한나라당과 민주당의 공천이 곧 당선을 의미하는 구태 정치를 청산할 수 있는 제도라고 할 것이다.

톱 투 프라이머리는 소수 정당에 불리한 제도라는 반론도 있으나 소수 정당이 불리한 점은 중대선거구제를 하지 않는 한 어떠한 선거에서나 마찬가지이고, 우리는 그러한 점을 고려해서 비례대표제를 시행하고 있다. 무엇보다 톱 투 프라이머리는 대통령과 파워 보스의 영향력이 절대적인 우리나라의 정치풍토를 바꿀 수 있다고 생각된다. 실제로 이 제도를 도입하는 경우에는 프라이머리에의 후보자가 2인이면 프라이머리를 생략하고 본선거를 하도록 하는 등 몇 가지 기술적인 고려를 해야 할 것이다.

(중앙대 〈법학논문집〉 제34집, 2010년)

소속 또는 친박연대 공천으로 당선된 후 다시 한나라당에 복귀한 경우, 그리고 민주당의 정동영 전 의원이 보궐선거에서 민주당의 공천을 받지 못하자 탈당해서 무소속으로 당선된 후 다시 민주당에 입당한 경우가 대표적이다.

미국의 헌법과 대통령제

초판 발행 | 2012년 11월 5일

지은이 | 이상돈
출판기획 | 강도구
편집디자인 | 정음공방
펴낸이 | 윤석희
펴낸곳 | 도서출판 **소진**
주소 | 서울시 중구 예장동 1-12
전화 | 011-9950-1741
팩스 | 02-2278-1339
메일 | rots-k1@hanmail.net
등록 | 2011년 12월 23일 (제301-2006-160호)

값 18,000원
ISBN 978-89-968212-2-9